Abbé MÉRESSE

* * *

HISTOIRE

DU CATEAU

CAMBRAI. — IMP. FERNAND DELIGNE & Cⁱᵉ

1906

HISTOIRE DU CATEAU

Abbé MÉRESSE

HISTOIRE
DU CATEAU

CAMBRAI

IMPRIMERIE FERNAND DELIGNE ET Cie

1906

INTRODUCTION

C'est pour obéir aux ordres de Mgr l'Archevêque de Cambrai que nous avons commencé cette étude, et nous espérons qu'elle montrera l'utilité des recherches qu'il demandait. Ville d'empire qui, jusqu'à la veille de la Révolution resta au pouvoir direct de l'archevêque duc de Cambrai, Le Cateau était intéressant à étudier à plus d'un titre. Ce fut l'une des rares cités du Nord de la France qui ne purent obtenir leur autonomie communale et nous pouvons ainsi voir fonctionner, pendant plus de six siècles, une administration nommée par le seigneur. La place eut aussi à jouer un certain rôle dans les guerres qui désolèrent nos régions et eut ses jours de gloire lors de la conclusion du traité de Cateau-Cambrésis. Au XIXe siècle, enfin, elle sut profiter du grand mouvement industriel et commercial qui enrichit notre pays.

Dévastée par les guerres étrangères, par les guerres civiles, la ville a perdu la plus grande partie de ses archives ; seuls, quelques rares monuments sont les vestiges du passé. Aussi nous pardonnera-t-on si, dans les pages qui vont suivre, le récit semble parfois manquer d'équilibre.

Dans la période de l'histoire du Moyen Age, comme dans celle de l'histoire moderne, il est des laps de temps sur lesquels nous n'avons pu recouvrer aucun document. Ce qui apparaît surtout, ce sont les désastres de la ville ; parfois, mais combien rarement, ses joies. Au moins ce qui nous est resté nous a-t-il permis de reconstituer ce qu'était la ville aux différentes époques, quelle était son administration, son commerce, son importance. Avec fierté, nous pouvons nous flatter d'avoir tiré de l'oubli plus d'un document inédit et d'avoir éclairci quelques points d'histoire.

En terminant, il nous reste à remercier M. l'abbé Dubrulle qui a bien voulu revoir les bonnes feuilles de ce travail et dont les recherches à Rome nous ont fourni certains documents, ainsi que Mgr Hautcœur qui nous a aidé de ses conseils.

SOURCES MANUSCRITES

Le Cateau eut la bonne fortune de posséder deux chroniqueurs. Le premier, qui s'intitule modestement : *Monachus Sancti Andreæ Castri Cameracesii,* remplissait peut-être de hautes fonctions dans l'abbaye, car il fut le compagnon et le conseiller de l'évêque Gaucher au concile de Clermont. Son manuscrit, intitulé : *Chronicon Sancti Andreæ,* semble avoir été écrit en 1133 et comporte trois livres. Si les deux premiers ne sont, le plus souvent, que la reproduction des gestes de saint Lietbert, le troisième, qui commence en 1076, offre le plus grand intérêt. L'auteur y raconte les faits si curieux qui marquèrent, dans le diocèse de Cambrai, la querelle des investitures et dont M. Cauchie s'est fait l'historien. Son récit offre le caractère de la véracité la plus complète et, en tous cas, a l'avantage d'être fait par un témoin oculaire (1). Il peut d'ailleurs être complété par les *Gesta episcoporum Cameracensium.* L'ouvrage, resté inédit, fut découvert en 1787 aux Archives de Maroilles par don Bevenot, alors moine de Saint-André. Il a été édité par Bethmann, dans les *Monumenta Germaniæ,* t. VII.

Notre second chroniqueur est moins connu. Au début du XIXe siècle, l'auteur du *Précis statistique et historique sur la ville du Cateau* écrivait : « On trouve dans la Bibliothèque historique de France, sous les numéros 8.441, 12.325 et 39.052, l'indication d'un ou plusieurs manuscrits latins sur l'histoire des évêques de

---

(1) *Quæ nostra ætate partim vidimus et audivimus.*

la ville de Cambrai, de la ville du Cateau-Cambrésis et des abbés
de Saint-André.

« Ces manuscrits étaient dans la Bibliothèque de cette maison.
L'auteur ne s'est pas nommé, mais on a beaucoup d'indices qui
portent à croire que cet ouvrage est de dom André Potier et
qu'il écrivait vers 1648. Suivant les notes de M. Févret de
Fontette, il semblerait que l'histoire des évêques ne s'étendait
que jusqu'à 1148 et celle des abbés jusqu'à la fin du second
siècle de l'abbaye, tandis que la chronique du Cateau embras-
sait jusqu'au XVIIᵉ siècle. Quoiqu'il en soit, ce manuscrit n'a
encore pu être découvert ni à la Bibliothèque de Cambrai où les
livres de Saint-André ont été transférés, ni à la Bibliothèque
nationale où on l'a cherché, ni au Cateau même où l'on a pris
des renseignements auprès des personnes éclairées.

« Suivant une lettre qu'a bien voulu nous écrire l'ancien
bibliothécaire de l'abbaye, il paraît que cette production fut
confiée avant la Révolution à un bénéficier de Cambrai qui
s'occupait d'un travail sur l'histoire du pays. »

Nous avons eu la bonne fortune de retrouver des fragments
d'une copie de cette chronique. Cette copie est elle-même de la
fin du XVIIᵉ siècle ou du début du XVIIIᵉ siècle.

Le titre de cet ouvrage était : *Historia Chronographica Abbatum
Monasterii Saint-Andreæ de Castello simul et Castelli Cameracesii,*
et commençait par un résumé de la chronique précédente.
L'auteur, qui se donne comme moine de l'abbaye sous le gouvernement d'Antoine de Montmorency, serait, d'après le copiste,
dom André Potier, prévôt de l'abbaye en 1648. Quoiqu'il en
soit de l'auteur, il est certain que l'écrivain était très bien
renseigné. Ses dires peuvent être contrôlés par d'autres documents et rarement il se trompe.

En dehors de ces deux chroniqueurs, les Archives du Cateau
nous ont fourni de précieux renseignements. L'inventaire des
pièces antérieures à 1789 a été publié ; celles postérieures à cette
date ont été l'objet d'un classement sommaire et provisoire,
mais il n'y a qu'un inventaire manuscrit et ce classement doit
être remanié à la suite des instructions ministérielles concernant

l'histoire de la Révolution française. Nous ne pourrons donc, pour cette période, que renvoyer aux archives.

Il nous a été donné de retrouver dans ces fonds un registre des délibérations du Conseil de 1661 à 1715. Ce registre, excessivement utile au point de vue administratif, sera, faute d'indication, indiqué sous le titre de registre aux délibérations.

Pour la période contemporaine, nous avons pu, grâce à l'obligeance de M. le Maire, mettre à profit les registres des délibérations et ceux des arrêts qui se trouvent à la Mairie. La série en est complète, pour les premiers, depuis 1801 ; pour les seconds, depuis 1816.

Le fonds de l'abbaye de Saint-André a été transporté aux Archives départementales du Nord ; une partie de ce fonds a été inventoriée par M. Dubrulle dans la *Revue des Bibliothèques et Archives de Belgique* [1]. En outre, dans le même dépôt, le fonds de la cathédrale de Cambrai a fourni quelques pièces, ainsi que ceux de la Chambre des Comptes et des Archives contemporaines.

Les Archives municipales de Cambrai renferment divers renseignements pour notre histoire, particulièrement dans la série FF [2].

Parmi la riche collection de manuscrits de la bibliothèque de Cambrai, nous nous contenterons de citer les manuscrits 659, 884 et 887 comme étant les plus intéressants sur la ville du Cateau. Le *Calendrier 1811-1812,* qui se trouve à la Bibliothèque de Cambrai, comporte un *Précis statistique et historique* écrit au début du XIXe siècle, dont l'auteur est ordinairement très bien renseigné. Enfin, les Archives nationales (DXIX), le fonds Moreau à la Bibliothèque nationale et les Archives de Mons nous ont aussi fourni quelques documents.

____

(1) Les Archives de Saint-André du Cateau, 1904-1905.

(2) La publication de l'inventaire a été confiée à M. Lesort, actuellement archiviste d'Ille-et-Vilaine.

SOURCES IMPRIMÉES

Annales Cameracenses, M. G. S., VII.

BERLIÈRE. *Inventaire analytique des « libri obligationum et solutionum » des Archives vaticanes* (Paris, Bruges, 1904, in-8°).

BERLIÈRE. *Inventaire analytique des diversa cameralia, etc...* (Rome, Paris, 1906, in-8°).

BOCQUILLET. *Le Cateau dans la seconde moitié du XVIe siècle*. Dans le *Bulletin de la Société d'Etudes de la province de Cambrai*, 1905.

BOHMER. *Acta imperii selecta* (Insprück, 1867, in-8°).

CHARAVAY et VAESSEN. *Lettres de Louis XI* (Paris, 1883, in-8° en publication).

Chronicon Saint-Andreæ, M. G. S. XIV.

Chronique normande du XIVe siècle, dans la *Société de l'Histoire de France* (1893, in-8°).

COQUELET. *Mémoires historiques pour Cambrai et le Cambrésis, de 1791 à 1799 inclus*, publiés par le docteur Bombart (Solesmes, in-8°).

Correspondance du Cardinal de Granvelle, éd. Poulet, dans la *Collection des Chroniques belges inédites* (Bruxelles, in-4°).

DE SMET. *Gesta pontificum Cameracensium* (Paris, 1880, in-8°).

Discours de la rebellion de ceulx du Chastel-en-Cambrésis, éd. Le Glay, dans les *Archives du Nord de la France* (3e série, t. II).

DUBRULLE. *Inventaire des Archives de Saint-André du Cateau*, dans la *Revue des Bibliothèques et Archives de Belgique*, 1905.

DUBRULLE. *Lettres des rois de France contenues dans le fonds de la Cathédrale de Cambrai,* dans le *Bulletin de la Société d'Etudes de la province de Cambrai,* 1903.

DUGUÉ DE BAGNOLS. *Mémoire,* dans le *Bulletin de la Commission historique du département du Nord,* IX.

FINOT. *Inventaire sommaire des Archives communales du Cateau.* (Lille, 1887, in-fº).

FROISSART, éd. Kervyn de Lettenhove. (Bruxelles, 1867-1877, 26 vol. in-8º).

Gesta abbreviata, M. G. S. VII.

Gesta Burchardi, M. G. S. XIV.

Gesta Galcheri, M. G. S. XIV.

Gesta pontificum Cameracensium, M. G. S. VII.

Gesta Nicolai, M. G. S. XIV.

Gestorum versio Gallicana, M. G. S. VII.

Gestorum versio Gallicana continuatio, M. G. S. XIV.

LE GLAY. *Glossaire topographique de l'ancien Cambrésis* (Cambrai, 1848, in-8º).

L'Histoire Française de nostre temps commenceant au règne du roi Henri II (Paris, 1581, in-fº).

Mémoire pour l'archevêque de Cambrai (Paris, 1772, in-4º).

MENDOÇA. *Commentaires sur les événements de la guerre*

des Pays-Bas. (Bruxelles, 1860-1863, 2 vol. in-8º).

MOLINET. Chroniques (édit. Buchon, *Chroniques nationales françaises,* t. XLIII, (1827).

MIRŒUS et FOPPENS. *Opera diplomatica et historica* (Bruxelles, 1866-1868, 3 vol. in-fº).

Monumenta Germaniæ Diplomata, t. I, II.

MUHLBACHER. *Acta imperii.* Voir Bohmer.

ROYE *(Journal* de Jean de) (Paris, 2 vol. in-8º).

SAINT - GENOIS. *Monuments anciens essentiellement utiles à la France,etc.* (Paris, Lille, Bruxelles, 1806, in-fº).

STUMPF. *Die Kaiserurkunden des X, XI und XII Jahrhundert* (Insprück, 1865, in-4º).

SULLY. *Mémoires,* éd. Michaud et Poujoulat, 11ᵉ série, t. II, III.

TAILLIAR. *Recueil d'actes des XIIᵉ et XIIIᵉ siècles en langue romane et wallonne du Nord de la France* (Douai, 1859, in-8º).

VANDENBROEK. *Extraits analytiques des anciens registres des consaux de la ville de Tournai* (1861, 2 vol. in-8º)

OUVRAGES CONSULTÉS

BAUCHOND. *Le Magistrat de Valenciennes* (Paris, 1904, in-8°).

BOULY. *Dictionnaire historique de Cambrai, des abbayes, etc., du Cambrésis* (Paris-Cambrai, 1854, in-4°).

BRUYELLE. *Précis sur le Cateau-Cambrésis, dans les Mémoires de la Société d'Emulation de Cambrai*, 1ʳᵉ série, t. XIX.

CAUCHIE. *La Querelle des Investitures dans les diocèses de Liège et de Cambrai* (Louvain, 1893, in-8°).

CLOEZ. *Etude historique sur le Cateau-Cambrésis avant et pendant la Révolution* (Le Cateau, 1895, in-8°).

DE CARDEVACQUE. *Notice historique et archéologique sur la Citadelle de Cambrai*, dans les *Mémoires de la Société d'Emulation de Cambrai*, t. XXXV.

DEHAISNES. *Histoire de l'Art dans l'Artois, la Flandre et le Hainaut avant le XVᵉ siècle.* (Lille, 1886, in-4°).

DENIS DU PÉAGE. *Le droit de gave de Cambrésis. Position des thèses de l'école des Chartes*, 1900.

DUBRULLE. *Cambrai à la fin du Moyen Age* (Lille, 1904, in-8°).

DUBRULLE. *Un document inédit sur la guerre de Cent ans*, dans la *Revue des Sciences ecclésiastiques*, 1904.

DUPONT. *Histoire ecclésiastique et civile de Cambrai et du Cambrésis* (Cambrai, 3 vol. in-16).

DURIEUX. *Miniature du moine Régnier, religieux de l'abbaye de Saint-André*, dans les *Mémoires de la Société d'Emulation de Cambrai*, t. XXXII.

Durieux. *Charles-Quint et son fils Philippe à Cambrai en 1549,* dans les *Mémoires de la Société d'Emulation de Cambrai,* t. XXXVI.

Feuillet. *La misère au temps de la Fronde* (Paris, 1876, in-8°).

Gossez. *Le département du Nord sous la deuxième République 1848-1852.* (Lille, 1904, in-8°).

Hœres. *Das bistum Cambrai 1092-1191* (Leipzig, 1882, in-8°).

Journal du Cateau et du département du Nord. (Le Cateau, 1842-1854, in-f°).

Lameere. *Le grand Conseil des ducs de Bourgogne de la maison de Valois* (Bruxelles, 1900, in-8°).

Lécluselle. *Histoire de Cambrai et du Cambrésis de 1789 à nos jours.* (Cambrai, 1875, 2 vol. in-8°).

Le Glay. *Cameracum Christianum* (Lille, 1849, in-8°).

Legrand. *Sénac de Meilhan et l'intendance du Hainaut et du Cambrésis sous Louis XVI* (Paris, 1868, in-8°).

Les droits de l'ancien châtelain de Cambrai. Souvenirs de la Flandre wallonne, t. VI.

Lesort. *La succession de Charles le Téméraire à Cambrai,* dans les *Mémoires de la Société d'Emulation de Cambrai,* 1902.

Liégeois. *Gilles de Chin, l'histoire et la légende* (Louvain, Paris, 1903, in-8°).

Margerin. *Martin Cuper, abbé de Crespin* (Cambrai, 1903, in-8°).

Notice biographique sur M. Bricout de Cantraine dans le *Musée Biographique, Panthéon universel.* (Paris, 1858, in-8°).

Pirenne. *Villes, marchés et marchands au Moyen Age,* dans la *Revue historique,* mai-juin 1898.

Reinecke. *Geschichte der Stadt Cambrai* (Marburg, 1896, in-8°).

Robert. *Numismatique de Cambrai.* (Paris, 1865, in-4°).

PREMIÈRE PARTIE

LE CATEAU AU MOYEN AGE

FONDATION

Sur les rives de la Selle, à vingt-trois kilomètres à l'est de. Cambrai, s'élevaient au IX⁰ siècle, les deux villages de Vendegies et de Péronne [1]. Celui de Vendegies, dont Péronne n'était probablement qu'une annexe, fut de bonne heure englobé dans les possessions de l'évêque de Cambrai [2], car nous les voyons citer dans les diplômes des rois de Lorraine et de France, Zwentibold et Charles le Simple [3]. Ces deux localités jouirent ainsi des privilèges de l'immunité qui avait été accordée par

---

[1] Vendelzlias, Vendelgies-Péronnelle.

[2] Sur le développement de la puissance des évêques de Cambrai, voir REINECKE. *Geschichte der Stadt Cambrai* (Marburg, 1896, in-8⁰).

[3] 20 décembre 911. A la demande de l'évêque Étienne, Charles confirme les biens de l'évêché déjà énumérés par Zwentibold. Original aux archives de Lille, fonds de la cathédrale de Cambrai, carton 1. LE GLAY. *Glossaire topographique de l'ancien Cambrésis* (Cambrai, 1848, in-8⁰). *Monumenta Germaniæ, Scriptores*, VII, *Gesta pontificum, Cameracensium*, p. 424. MUHLBACHER, *Acta Imperii.* n⁰ 2.012ᴬ.

les empereurs aux possessions de l'église de Cambrai et qui les garantissait de toute attaque [1]. Malheureusement, il est probable que ce fut une faible sauvegarde contre les invasions des Normands et des Hongrois, car si les évêques Rothard [2] et Fulbert défendirent vaillamment leur cité, ils ne purent protéger le pays environnant. De même, ces villages situés près de la forêt accordée à Rothard par Otton III en 995 [3] eurent beaucoup à souffrir des déprédations des voleurs [4].

Ce fut ce lieu que choisit l'évêque Erluin pour établir une forteresse. Profitant de la confiance que lui témoignait l'empereur Otton qu'il venait d'accompagner à Rome [5], s'appuyant sur la nécessité de rétablir la confiance dans ce pays, il obtint le

---

[1] Accordée pour la première fois, dit l'auteur de la Geste, par Pépin le Bref, elle est renouvelée par Louis le Pieux (15 avril 816), Arnould de Carinthie (6 juin 894), etc. La plupart des originaux sont à Lille, archives départementales, fonds de la cathédrale. Tous sont reproduits dans les *Monumenta Germaniæ. Diplomata,* t. I et II ou STUMPF. *Die Kaiserurkunden des X, XI und XII Jahrhundert.* (Inspruck, 1865, in-4°).

[2] *M. G.* (c'est ainsi que nous désignerons désormais *Monumenta Germaniæ, Scriptores*). VII, *Gesta pontificum cameracensium,* p. 422 et 424.

[3] 23 avril. *M. G. Diplomata,* t. II, p. 576. STUMPF, n° 1.037. Original à Lille, A. D., F. d. C. (c'est ainsi que nous désignerons archives départementales, fonds de la cathédrale de Cambrai). — Cette forêt s'étendait du mont *Sauvlonir* au confluent des deux Helpes.

[4] M. G., *Gesta pontificum cameracensium* VII, p. 450.

[5] Où il avait obtenu confirmation par Grégoire V des privilèges de l'Eglise. (Ib. 449).

droit d'établir un château pour empêcher les vols et assurer la liberté aux laboureurs. « *Castellum... muniri ut hoc esset obstaculum latronibus, præsidiumque libertatis circum et circa rusticanis cultoribus* » (1). Comme nous le verrons plus loin, ce château devait également servir de refuge aux évêques et devait être un point d'appui sérieux pour leur domination temporelle. Le 21 avril 1001, Otton accordait à l'évêque le droit d'établir un marché, des péages, de percevoir l'impôt et de battre monnaie, ainsi que le droit de ban (2). Deux ans plus tard, Henri II confirmait ces privilèges, la création d'une monnaie au Cateau (3) et y ajoutait le droit de nommer à tous les offices, faisant ainsi de l'évêque le chef absolu du Cateau. Tous ces droits étaient protégés par l'immunité (4). Le don du comté de Cambrai par Henri II devait en faire le seul maître après l'empereur (5).

---

(1) Ib. 450. De même dans une charte de Conrad II en 1033. (Mirœus et Foppens. *Opera diplomatica,* t. I, p. 56. Stumpf, 2.050). « Quod... Erluinus exstruxerat (favente tertio Othone, imperatore) in munimentum contra omnes incursus malignorum inibi circumquaque exuberantium. »

(2) Original à Lille, A. D., F. d. C., *M. G.,* *Diplomata* II, p. 832. Stumpf 1.257.

(3) Il ne semble pas que les évêques aient usé de ce droit au Cateau même. Voir Robert. *Numismatique de Cambrai* (Paris, 1865, in 4°).

(4) Bohmer. N° 36. *Acta imperii selecta* (Insprück, 1867, in-8°).

(5) 22 octobre 1007. Pour la bibliographie et l'authenticité de cet acte, voir Dubrulle. *Cambrai à la fin du Moyen Age* (Lille, 1904, in-8°), p. 3.

Le Cateau, car c'est le nom que portera désormais la localité, était fondé (1). La forteresse rendit les services pour lesquels elle avait été créée et les incursions des voleurs cessèrent (2). Ici comme partout (3), les murailles du château attirèrent les paysans dont les habitations se groupèrent aux environs, mais pour attirer les étrangers, il fallait des avantages commerciaux. Le droit de marché, si important à cette époque (4), répondit à ce besoin. Tous ceux qui venaient y faire des achats et des ventes jouissaient des privilèges et des lois des Cambrésiens. Les pontificats de Gérard Ier, de Lietbert durent encore développer ce mouvement commercial (5). En fait, nous trouvons dans les chartes des signes non équivoques de richesse chez des particuliers. En 1220, Baudouin, dit Doyen, et Mathilde, sa femme, peuvent vendre à l'abbaye de St-André une rente de vingt mencaudées de blé qu'ils perçoivent sur Basuel (6). Un nommé Mathieu vend à l'abbaye la dîme du Cateau (7). Jacques de

---

(1) Castellum, novum Castellum, Castellum Beatæ Mariæ, Castellum Cameracesii. Péronne disparut assez rapidement. On en trouve cependant encore mention en 1257. (A. D., Fonds de Saint-André du Cateau, parchemin sans scel.). Vendegies devint un faubourg du Cateau.

(2) M. G. XIV. *Chronicon S. Andreæ*, p. 526.

(3) PIRENNE, *Villes, marchés et marchands au Moyen Age,* dans *Revue historique.* Mai-juin 1898.

(4) Ibid.

(5) M. G. S. VII. *Gesta pontificum cameracensium*, p. 240 et 249.

(6) A. D., Fonds de St-André du Cateau, parchemin scellé.

(7) Ibid., parchemin où restent les attaches du scel., 1.222.

Guise, bourgeois, fonde par testament, en l'église St-Martin, une chapelle en l'honneur de Notre-Dame [1].

Un autre moyen d'attirer les populations croyantes était d'animer en eux le sentiment religieux. La création de l'abbaye de St-André en 1021 par l'évêque Gérard de Florines, aidé de Herward bras de fer et de son propre frère Gilbert, abbé de Maroilles [2] allait répondre à ce besoin. 24 moines furent le noyau de cette communauté que dirigea Gilbert. Le 22 septembre 1025, la dédicace en eut lieu au milieu d'un grand concours de peuple attiré encore par la vue des châsses des environs [3]. La libéralité de l'empereur Henri permit bientôt du reste au monastère de lutter avec les abbayes des environs pour la richesse de ses reliques. Outre des objets qui auraient appartenu à la Vierge Marie, il lui donna une relique insigne du corps de St-André qui lui avait été donné par l'empereur de Constantinople [4]. L'évêque y ajouta les corps de St-Sarre [5] et de Ste-Maxellende dont la châsse du XIIᵉ siècle est une merveille d'orfèvrerie [6].

---

[1] Ibid., original scellé.

[2] M. G. VII. *Chronicon S. Andreæ.* 529, 330.

[3] Celles de St-Géry, St-Aubert, St-Eucher, St-Saulve, Ste-Rainfroi, St-Ghislain.

[4] Ibid.

[5] Ibid. Nous ne savons à quelle époque fut donné celui de Ste-Maxellende.

[6] BOULY. *Dictionnaire historique de Cambrai, des abbayes, etc., du Cambrésis* (Paris-Cambrai, 1854, in-4°), p. 364, donne une description exacte de la fierte. Voir aussi DEHAISNES. *Histoire de l'Art,* p. 285.

Enrichie par les libéralités de Gérard et de ses successeurs, par les dons des seigneurs du voisinage (1), l'abbaye devint puissante non seulement au dehors mais au Cateau même, où elle acquit entre autres choses la moitié du droit de banlieu (2), la dîme (3), ainsi que celle de Vendegies (4). A l'ombre de ses murs se développa une vie artistique et littéraire intense dont les moines Renier (5) et l'auteur de la Chronique sont les plus illustres représentants. C'est à la Chronique de St-André, que nous devons de connaître l'histoire du Cateau dans ces périodes anciennes (6).

Il fallait mettre à l'abri ces populations paisibles. La clôture n'était formée que par des remparts en bois, l'évêque Gérard fit élever à grands frais une tour élevée. Pour en perpétuer la mémoire, il fit graver dans la pierre l'inscription suivante : *Sanctæ Dei genitrici Mariæ, Gerardus episcopus, domum hanc ad tuitionem et refugium pauperum. Quam qui ad hoc servaverit, benedictionem,*

---

(1) Voir la liste dans DUBRULLE. *Les archives de St-André du Cateau. Revue des bibliothèques et archives de Belgique.* 1904.

(2) Charte de Conrad II en 1033, déjà citée.

(3) Voir plus haut.

(4) A. D., Fonds de St-André du Cateau. Original sans scel. 1224. L'évêque Godefroy en est le donateur.

(5) DURIEUX. *Miniature du moine Régnier, religieux de l'abbaye de St-André,* dans les *Mémoires de la Société d'Émulation de Cambrai,* t. XXXII.

(6) Retrouvée par Bévenot au XVIIIe siècle, la dernière édition a été publiée par BETHMANN, dans les *Monumenta Germaniæ Scriptores,* t. VII.

qui autem aliter fecerit æternam accipiet maledictionem (1).
Ce fut la tour Ste-Marie, dont la garde était confiée
à un prévôt (2). Fortifiée de nouveau par Gérard (3) et
Nicolas (4), la place fut assez forte pour résister aux
attaques de Gilles de Chin, l'un des plus célèbres
chefs de cette époque (5).

Grâce à ces soins, la population du Cateau s'augmenta assez rapidement, puisque en 1133, un siècle
et demi après sa fondation, elle comprenait déjà
trois églises parmi lesquelles on cite celles de
Notre-Dame et de St-Martin (6). Rien ne peut mieux
rendre compte de la situation de la cité que les
paroles du chroniqueur de St-André : « *Omne quoque
rerum opulentia, nostra floreret ecclesia, ipsa quoque villa
domibus amplis, opibusque largis dilatata, in pace habi-
taretur et lœtitia* » (7).

---

(1) M. G. VII. *Chronicon S. Andreæ*, p. 528.

(2) M. G. VII. *Chronicon S. Andreæ*, p. 550.

(3) DE SMET. *Gesta pontificum episcoporum cameracensium*
(Paris, 1880, in-8°), p. 192, « firmat et se episcopus castello
novo firmius circumcluso lapidibus. »

(4) M. G. XIV. *Gesta Nicolai*, p. 230. VII *Gesta abbreviata*,
p. 507.

(5) Voir plus loin.

(6) Le docteur CLOEZ *(Etude historique sur le Cateau-Cambrésis
avant et pendant la Révolution.* Le Cateau, 1895, in-8°, p. 46),
s'appuyant sur la *Geste de Liétard,* dit cinq églises. Il y a
erreur. Le moine de St-André ne cite que les deux églises
susnommées, le monastère et la maison épiscopale. Habitant le
Cateau, présent aux événements, il devait être beaucoup mieux
renseigné.

(7) M. G. VII. *Chronicon de S. Andreæ*, p. 550.

LE CATEAU JUSQU'AU XVᵉ SIÈCLE

Cette possession épiscopale si importante que les évêques avaient entourée de tant de soins faillit être perdue au XIIᵉ siècle ; Cambrai était alors désolé par un schisme. Tandis que l'évêque Gaucher, déposé par Pascal II, était soutenu par Henri IV, Robert, comte de Flandre, soutenait Manassés [1]. Déjà Gaucher avait dû accorder une commune aux Cambrésiens afin de se les attacher, mais attaqué dans sa ville épiscopale par les troupes flamandes, il n'eut plus de recours qu'en l'empereur. Celui-ci menaça d'envahir la Flandre ; malheureusement, il n'était pas en son pouvoir de protéger toujours cette ville située à l'extrémité de son empire. Aussi, dans une assemblée tenue à Liège, accueillit-il favorablement les propositions de son puissant vassal. Le comte fit amende honorable, jura de protéger désormais l'évêque Gaucher et en échange, l'empereur

---

[1] Sur ce schisme, voir CAUCHIE : *La querelle des investitures dans les diocèses de Liège et de Cambrai.* Louvain, 1893, in-8º.

l'investit de la châtellenie de Cambrai et du Cateau-Cambrésis (1).

Cet abandon qui mettait la ville aux mains du comte de Flandre ne fut d'ailleurs d'aucun avantage à Gaucher qui, quelques mois après l'entrevue de Liège, fut de nouveau chassé de sa ville épiscopale. Cette fois, le fils de Henri III, Henri IV, vint lui-même à la tête d'une forte armée, força les Flamands à se retirer du Cambrésis et dévasta quelques domaines de Robert (2), mais un compromis arriva encore et le comte fut de nouveau investi de la châtellenie et du Cateau (3). Il attachait la plus grande importance à cette place qu'il fortifia avec soin (4).

Le faible Odon, successeur de Gaucher et de Manassés n'était pas de force à lutter contre le puissant comte de Flandre. Il n'en fut pas de même de l'évêque Burchard. Confiant dans son droit, il fit excommunier le fils de Robert, Baudouin VII, comme détenteur des biens de l'Eglise et chaque jour la sentence fut annoncée au son des cloches. Les

---

(1) M. G. XIV. *Gesta Burchardi,* p. 213. « Tercius enim Henricus imperator castellaniam Cameraci, Novumque Castellum secundo Roberto comiti Flandriarum olim concesserat ideo possidendum ut episcopum..... sustineret.....» 29 juin 1193.

(2) M. G. VII. *Lambert de Wattrelos,* p. 510, 511. *Chronicon S. Andreæ,* p. 545.

(3) M. G. XIX. *Gesta Galcheri,* p. 207. « Suscepit ergo comitem in amicum et hominem, dans ei castellaniam Novumque Castellum etiam », de même *Chronicon S. Andreæ.*

(4) HŒRES. *Das Bistum Cambrai 1092-1191.* (Leipzig, 1882, in-8°), croit à tort que ce fut Cambrai, p. 25.

circonstances aidèrent l'évêque, Baudouin reçut une grave blessure à la tête. Se voyant en danger de mourir, il envoya une ambassade au prélat pour être relevé des censures ecclésiastiques. Gérard en profita pour acheter les conseillers du comte (1) et celui-ci consentit enfin à rendre la châtellenie et Le Cateau.

Charles de Danemarck refusa de reconnaître l'abandon de son prédécesseur, mais sur les menaces, sur les prières de Burchard, il consentit à lui rendre Le Cateau, à la condition toutefois qu'il pourrait y chercher un refuge en cas de besoin (2). S'il faut même en croire la version française des Gestes, l'évêque aurait versé 200 marcs pour obtenir ce résultat. On le voit, la restitution ne se faisait pas sans condition. La place était trop forte pour que Charles y renonçât complètement et tout au plus pourrait-on parler d'un partage de l'autorité (3).

Cette place que Burchard avait eu tant de peine à recouvrer devait être de nouveau enlevée au domaine épiscopal sous le pontificat de son successeur.

A Saint-Aubert habitait un seigneur que soutenaient de puissantes influences. Marié à Ermengarde, fille de

---

(1) « Non sine pretio magno consiliariis ejus collato, hanc villam cum turri recepit. » M. G. VII. *Chronicon S. Andreæ*, p. 546.

(2) M. G. XIV. *Gesta Burchardi*, p. 213. VII. *Chronicon S. Andreæ*, p. 546.

(3) M. G. *Gestorum versio Gallicana*, VII, p. 522 et XIV, p. 214.

Hugues d'Oisy, le puissant châtelain du Cambrésis[1], il était l'ami de Gilles de Chin, dont l'histoire et la légende ont popularisé les exploits [2]. Après avoir dévasté les biens de l'évêque, il voulut s'emparer du Cateau et y vint avec de fortes troupes, appuyé par le comte de Hainaut et Gilles de Chin.

Ayant fait mettre le feu aux chaumes qui recouvraient les toits, il alluma un incendie qui, en peu de temps détruisit la malheureuse cité. Du palais épiscopal, de Notre-Dame, de St-Martin, de St-André, il ne resta que des ruines. Les chroniqueurs nous font le tableau le plus désolant de la malheureuse cité, où beaucoup d'habitants furent brûlés; les seuls chiffres donnés, cent hommes et douze enfants retrouvés carbonisés ensemble, nous permettent de nous faire une idée de la violence de l'incendie. En vain, beaucoup de ces malheureux essayèrent de se sauver en sautant des murailles.

Le prévôt Adam continua pourtant à résister dans la Tour Sainte-Marie, mais entouré de forces supérieures, il dut rendre la tour à Gérard qui lui permit de se retirer [3].

---

(1) DE SMET. *Gesta pontificum cameracensium. Gesta Nicolai.* Strophes 209, 210 et *Recueil des historiens de France*, t. XIII, p. 270.

(2) LIÉGEOIS. *Gilles de Chin, l'histoire et la légende.* (Louvain-Paris, 1903, in-8°). Dans son crayon généalogique, M. Liégeois indique Gérard comme étant le beau-fils de Gilles, dont il aurait épousé la fille Mathilde de Berlaymont; il ne peut s'agir que d'un second mariage.

(3) M. G. VII. *Chronicon S. Andreæ,* p. 550. DE SMET, *Gesta pontificum cameracensium. Gesta Liethardi,* p. 162, 163.

Ce forfait criait vengeance. Simon, le fils de Hugues d'Oisy, se met à ravager les terres de Gérard qui en est bientôt réduit à se défendre lui-même. En vain Hugues intervient pour rétablir la paix. Liétard ne veut accorder son pardon que si l'envahisseur abandonne sa conquête, relève les églises brûlées, paye 10,000 marcs d'indemnité, et offre une satisfaction suffisante pour les victimes [1]. Cependant, à la demande du comte de Hainaut, qui assure que ces conditions seront remplies, il absout les soldats sous la promesse que les fantassins payeront 20 deniers et les cavaliers 5 sous. Mais cette exigence ne fut pas remplie [2]. Bien au contraire, la population de Cambrai qui voyait ses biens dévastés par la guerre, son commerce interrompu, attribua ses maux à Liétard et envoya une ambassade à Reims, accusant l'évêque de simonie et d'avarice.

Ces accusations furent écoutées et le prélat dut quitter Cambrai en janvier 1135.

Son successeur, Nicolas, prenait le pouvoir dans des circonstances difficiles. De son château de St-Aubert et du Cateau, Gérard faisait des razzias d'hommes et de chevaux, privant l'évêque de tout revenu. Le nouveau pontife voulut n'avoir recours qu'à la douceur et ce fut en vain que les habitants du Cambrésis, fatigués de ces exactions, pressèrent l'évêque de l'attaquer dans son château de St-Aubert. Le châtiment vint pourtant.

---

[1] De Smet, p. 165.
[2] Ibid., p. 166.

Nicolas avait fait construire une forteresse à Thun; ce fut là qu'un jour les villageois exaspérés entourèrent Gérard, réclamant de l'évêque sa mise à mort. Le pasteur calma cette irritation et emmena le tyran à Cambrai où de nouveau il dut le protéger contre l'excitation des bourgeois. Touché par tant de générosité [1], Gérard se soumit, et en face des casates, des clercs et des habitants renonça au Cateau [2].

Mais cette soumission fut de peu de durée. Vers le mois de mai 1137, les Cambrésiens ayant tué trois hommes de Gérard qui avaient détroussé un voyageur, la guerre recommence. C'est en vain que

---

[1] L'auteur de la geste remarque avec naïveté :

> « Ut scriptum est, omnia
> Credenti possibilia
> Si, in Deo, sibi vera
> Sit spes atque fiducia,
> Credit enim malitiam
> Vinci per patientiam
> Namque exaltat humilem
> Frangit ejus superbiam ».

Cette générosité de Nicolas s'alliait peut-être à une certaine crainte des protecteurs de Gérard, comme nous le verrons plus loin.

[2] DE SMET. *Gesta pontificum cameracensium.* — *Gesta Nicolai,* p. 179, 180. En 1136. — Le Dr CLOEZ *(Etude historique,* p. 47) dit que le prélat fit crever les yeux à toute la garnison et que ce fut la cause de la reprise des hostilités. Ceci est en contradiction avec le récit de tous les historiens contemporains et concorderait très peu avec le caractère du prélat, de même qu'avec sa conduite après la mort de Gérard.

Nicolas offre une médiation. Le seigneur de St-Aubert attaque Le Cateau, menaçant de tuer ceux qui lui résistent [1], mais il est repoussé. Cette fois, la mesure était comble ; l'évêque le déclare parjure ainsi que Gilles de Chin et Gauthier Paluchet, refuse de rendre les otages qui lui ont été livrés par Gilles lors du premier arrangement [2]. Une seconde fois, Gérard donne l'assaut au Cateau, voulant y entrer le premier, mais il est pris lui-même sans que ses hommes songent à le défendre. Dieu ne permit ce miracle, remarque le chroniqueur, que pour venger les larmes des veuves et les misères des pauvres [3]. Se souvenant de leurs maux, hommes et femmes le lapident [4]. Même après sa mort [5], Gérard devait nuire au Cateau, car effrayé par les menaces du comte de Hainaut, l'évêque fut obligé de bannir ceux qui l'avaient tué [6].

----

[1] « Captis minans interitum ». DE SMET, p. 132.

[2] DE SMET, p. 192, 196.

[3] « Credo Deum prœterea
    Hæc fecisse miracula
    Ob viduarum lacrimas
    Et pauperum miserias ». DE SMET, p. 197.

[4] « Habentes in memoria
    Parentum homicidia,
    Minas, prœdas, incendia,
    Et quidquid eis fecerat ». DE SMET, p. 197.

[5] Il ne peut être enseveli chrétiennement, ibid., p. 198.

[6] Ibid., p. 200. Gilles de Chin mourut quarante jours plus tard. (Ibid., p. 205).

Mais il était dit qu'au XIVe siècle, l'évêque ne pourrait rester paisible possesseur du Cateau. Nous avons vu que la garde de la tour Ste-Marie était confiée à un prévôt. Comme tous les officiers ecclésiastiques, celui-ci avait rendu sa charge héréditaire, et avait en même temps étendu ses pouvoirs. C'est ainsi qu'il percevait une partie des amendes judiciaires et avait une sorte de juridiction en dehors de la ville [1]. Autant que nous pouvons en juger, ses pouvoirs rappelaient assez bien ceux du châtelain [2] à Cambrai. Jugeant trop grande l'influence de cet officier, les évêques essayèrent de la diminuer. Nicolas II racheta cette charge aux fils de Watier le Tonnerre, moyennant sept livres par an, auxquels Pierre de Flandre ajouta soixante sols, et Alard, en 1117 [3], remplaça le tout en accordant au fils aîné Odon un fief à hommage lige d'une charruée de terre moitié cultivée et moitié en friche [4]. Cet accord fut confirmé par Guillaume, archevêque de Reims, légat du Saint-Siège [5]. Mais la veuve de Watier ne voulut probablement pas reconnaître cette vente et profita d'une absence de Roger de Wavrin [6]

---

(1) Voir plus loin.

(2) *Les droits de l'ancien châtelain de Cambrai. Souvenirs de la Flandre Wallonne*, t. VI.

(3) Tous deux avaient été élus par l'influence des comtes de Flandre. Pierre était le frère de Philippe d'Alsace.

(4) A. D. F. d. C. Original parchemin.

(5) Ibid.

(6) M. G. VII. *Gesta abbreviata*, p. 509. Il s'était rendu à Rome pour recevoir la consécration épiscopale.

successeur d'Alard, pour vendre ses biens à Philippe d'Alsace, comte de Flandre, qui cherchait toujours à augmenter son influence dans le Cambrésis où il possédait déjà la châtellenie (1). C'était enlever ainsi presque tout pouvoir à l'évêque (2).

Bien que fils du sénéchal de Flandre, Roger ne pouvait, sans manquer à ses devoirs, laisser s'accomplir cet acte. Il se rendit à la cour impériale où déjà le comte de Flandre avait obtenu ratification de la vente ; grâce à l'appui de ses collègues dans l'épiscopat, il obtint la résiliation du contrat (3) et Philippe dut promettre qu'à sa mort il remettrait en aumône à l'évêque la prévôté du Cateau. Cette aumône devait d'ailleurs coûter 700 livres cambrésiennes, payables à celui que le comte aurait désigné (4). Les confirmations les plus solennelles, celles du Pape, de l'empereur, du roi de France, de l'archevêque de Reims et des évêques voisins vinrent sceller cet arrangement qui reconnaissait définitivement à l'évêque tous ses droits sur le Cateau (5).

---

(1) REINECKE. *Geschichte der Stadt Cambrai. Die Beziehungen der Grafen von Flandern zûm Kamerichgaü.*

(2) M. G. VII, p. 509. « Comes Flandriæ.... præposituram Novicastri, multâ pecunia comparavit, occupaturus totum jus episcopi ratione suæ portionis. »

(3) M. G. XIV. *Gestorum versio Gallicana continuatio*, p. 215.

(4) STUMPF. *Acta*, p. 225. L'original est à Lille.

(5) A. D., F. d. C. La lettre de Louis VI a été publiée par DUBRULLE. *Lettres des rois de France contenues dans le fonds de la cathédrale de Cambrai*, dans *Bulletin de la Société d'Etudes de la province de Cambrai*, 1903.

Dès lors, nous voyons les évêques jouir en paix
de cette ville qu'il avait fallu défendre avec tant
d'acharnement. C'est là que Guillaume de Hainaut
se retire en 1298 [1], lorsque la rébellion de ses sujets
cambrésiens le force à quitter sa ville épiscopale ; là
que Pierre d'Ailly trouve un refuge lorsqu'il est chassé
de Cambrai par les intrigues du duc de Bourgogne [2].
C'est au Cateau aussi que Pierre de Mirepoix tient
un concile en 1311 [3]. En dehors de l'occupation
passagère de Jean Namur en 1309 [4], nous n'avons
plus rien à noter de fâcheux pour la ville. Sans
doute, les bandes ravagent les environs lors de la
guerre de Cent ans, mais la ville elle-même, protégée
par les troupes qu'y envoie le roi de France et que
commandent Thibaud de Moreuil, les seigneurs de
Mirepoix et de Raineval [5], ne semble pas avoir
souffert, sauf pendant son occupation par le comte
de Hainaut, en 1340 [6]. Le manuscrit 184 des
introitus et exitus aux archives vaticanes [7] qui

---

[1] A. D., F. d. C., pièce sur parchemin.

[2] DUPONT. *Histoire ecclésiastique et civile de Cambrai et du
Cambrésis.* (Cambrai, 3 vol. in-16), t. II passim. — BOULY.
Dictionnaire historique, p. 3.

[3] LE GLAY. *Cameracum Christianum,* p. XL. Introduction
historique.

[4] Sur ce sujet, voir DUBRULLE. *Cambrai à la fin du Moyen
Age,* p. 268 à 273.

[5] *Chronique Normande du XIVe siècle,* dans la *Société de
l'Histoire de France.* 1893, in-8°, et FROISSART (éd. *Kervyn de
Lettenhove,* t. I, p. 427-452).

[6] FINOT, *Inventaire analytique,* p. V.

7) Signalé par DUBRULLE. *Un document inédit sur la guerre de
Cent ans. Revue des Sciences ecclésiastiques.* 1904.

donne un état très complet des localités dévastées par la guerre, ne cite cependant pas le Cateau.

L'an 1381, le 12 juin, le duc Albert de Bavière, comte de Hainaut, sur les instances des habitants du Cateau, promit par ses lettres une sauvegarde à la ville. A son tour, toute la communauté se mit sous la protection du même duc et de Guillaume, son fils ; ils promirent, en outre, de payer annuellement à eux et à leurs successeurs, cent livres en monnaie ayant cours dans la dite ville, la première moitié à la Noël et l'autre à la Nativité de Saint Jean-Baptiste [1].

Vers la fin de la guerre de Cent ans, les Anglais s'étaient emparés du Cateau, sous la conduite de Guillaume Crindon. Pour les en expulser, Dunois vint assiéger la ville avec une troupe de quatre mille hommes ; il était accompagné des comtes de Clermont et de Nevers. Après avoir héroïquement résisté, la garnison est forcée de se rendre, mais elle obtient de ne sortir de la place qu'avec les honneurs de la guerre (17 septembre 1449) [2].

---

[1] A. D. Chambre des Comptes, B. 1057. Dom Potier. dit par erreur 1382.

[2] FINOT. *Inventaire analytique,* p. V.

ADMINISTRATION

Le *Terrier des Evêques de Cambrai,* conservé aux archives départementales du Nord, permet de nous rendre un compte assez exact de la ville au milieu du XIIIe siècle.

Les fortifications que nous avons signalées page 7 avaient été augmentées plus tard, particulièrement du côté de l'abbaye qui semble n'avoir pas été tout d'abord comprise dans l'enceinte de la ville. Le 16 juin 1255, l'évêque Nicolas de Fontaines régla les obligations respectives de l'abbaye et de la cité à ce sujet [1].

Cinq portes permettaient l'accès de la ville. C'étaient les portes l'Evêque, Henri, Naghet, Monseigneur Jehan Fournel, Saint-Martin. Des routes conduisaient vers Guise, Honnechies, Cambrai, Saint-Soupplet. A l'intérieur, la ville était partagée par des rues assez

[1] A. D. Fonds de Saint-André. Deux originaux dont l'un a gardé un fragment de scel.

nombreuses [1] ; le pont des Foulons, contruit en pierre et à deux arches, permettait le passage de la Selle. La population devait être assez considérable pour l'époque, puisque nous comptons 190 feux payant des taxes à l'évêque et que ceci doit représenter, au plus, la moitié des habitations.

Quelle était l'administration du Cateau au Moyen Age ?

A la tête de l'administration se trouvait l'évêque, seigneur souverain, nommant à tous les offices, ayant droit d'évoquer toute affaire devant lui et de la juger.

Outre le droit de banalité et diverses taxes que nous étudierons plus loin, les habitants lui devaient la corvée et la fouée. La corvée consistait en une journée de travail à mars et à la mi-mars et dans le paiement d'un demi-marc pour autant de chevaux que l'on possédait. Encore l'évêque devait-il payer quatre sous cambrésiens au valet de

---

[1] La riche rue qui partait de la porte l'Evêque, la rue des Fuseliers, de la Boulangerie, Auvergne, Robert le Boistelier pour aller au marché, la ruete Saint-Martin qui conduisait de la porte citée à l'église Saint-Martin, la rue Saint-Martin, *li orde rue,* la rue du Bordel qui menait à la route de Guise, la rue Fournel, du Muele menant à la porte Jehan Fournel, rue du Four, Traverse, Forestier, Saint-Quentin qui aboutissait à la route de Cambrai et près de laquelle se trouvait l'église Saint-Quentin ; elle était reliée à la rue Fournel par la ruete Waucourt, rue de l'Hôtellerie, rue Saint-Sauveur, rue Madame-Alexandre, rue des Foulons qui conduisait au pont du même nom, rue des Reportes, etc.

charrue [1]. Pour la fouée ou fouvée, c'était un impôt en nature sur le bois que payaient une fois par an tous les habitants et ceux qui amenaient du bois au Cateau [2].

Nous avons vu plus haut les difficultés que la prévôté avait créées à l'évêque. Le titulaire de cet emploi semble n'avoir plus été depuis qu'un officier d'ordre judiciaire. Il doit juger selon les lois existantes, surveiller les bois de l'évêque et le territoire du Cateau conjointement avec d'autres officiers du prélat. De plus, il a le droit de garde du château. Ce droit, il doit le remettre à l'évêque sur sa demande, mais le prélat ne peut le rendre à une autre personne qu'au prévôt. Comme salaire, il touche le tiers des amendes perçues au Cateau et dans le village d'Ors. Pour remplir son office, il doit entretenir trois gardes et un portier pour lesquels il reçoit de l'évêque neuf boisseaux de blé à la Saint-Remy, vingt peaux de béliers, cinq paires de souliers à la Noël et à Pâques. Il réside soit dans la tour, soit dans sa maison qui est située dans le palais épiscopal [3].

---

[1] « Si est à savoir ke li corvée est tele ke li hom le doit d'une iornée à march, puis mi-march....... puis mimarc de tant de kevaus kil afiert à se karue....... Et s'est à savoir ke li vesques doit à cascun des vallés ki paient le corvée IIII cambrésiens, le ior kil paient le corvée. » A. D. F. d. C. Cartulaire 3, p. 269.

[2] « Tout cil ki sunt manant au Castel doivent le fouvée fors li home l'évesque. Et se uns hom de forains amaine laigne à loier au Castel, il doit le fouvée et ceste coustume esket dedens l'an une feie. » Ibid., p. 269.

[3] A. D. F. d. C. pièce parchemin.

Malgré toutes les sanctions énumérées en 1180, ce ne fut vraiment qu'en 1225 que l'évêque put disposer librement de cette charge. En effet, en 1199, le successeur de Philippe d'Alsace, Baudouin, reçoit l'investiture de la prévôté, à charge d'assurer au prélat la jouissance de tous les revenus et droits. Il obtient ainsi le droit de nommer aux emplois de cette charge *pour faire la volonté de l'évêque* (1). Enfin, en 1225, en présence des pairs du Cambrésis, des hommes de fief, du consentement de ses frères et de ses parents (2), un nommé Werric remit la prévôté à l'évêque Godefroy de Fontaine et reçut en échange le tiers des revenus du moulin de Cappelle et la terre de Bruille (3). Peut-être fut-il alors remplacé par le châtelain, car il n'est plus fait mention de lui et ses fonctions sont remplies par le châtelain.

Comme à Tournai (4), comme à Cambrai (5), l'ensemble du corps municipal, composé du maïeur, des échevins, d'employés subalternes, portait le nom de consaux.

A la tête des échevins était le maïeur, sur les

---

(1) Bibliothèque de Cambrai, manuscrit 887, pièce N. Ce manuscrit du XVIIᵉ siècle renferme toutes les pièces relatives à la prévôté. Baudouin devait renoncer à l'investiture sur la simple demande de l'évêque.

(2) Baudouin, chevalier et Hugues ; Aelis dame de Marcoing, Mathilde dame d'Ascq et quatre frères de Marcoing.

(3) Bibliothèque de Cambrai, manuscrit 887, pièce P.

(4) VANDENBRŒK. *Extraits analytiques des anciens registres des consaux de la ville de Tournai,* 1861, 2 vol. in-8°.

(5) DUBRULLE. *Cambrai à la fin du Moyen Age,* p. 80.

attributions duquel nous avons peu de renseignements à cette époque. Il paraît avoir été plus
particulièrement le représentant de l'évêque.

L'existence de l'échevinat est indiquée dès la fin
du XIIe siècle, mais il semble que ces fonctionnaires
n'aient jamais été que les officiers de l'évêque. Un
recort de 1255, nous en montre six en exercice [1].
Ils avaient une grande autorité. Comme dans la
plupart des villes de Flandre, c'est devant eux que
se faisait la vente des immeubles et c'est à eux que
l'on payait les droits d'entrée et de sortie. Ils
avaient aussi à connaître des faits civils et correc-
tionnels. Chose curieuse, l'abbaye pourtant si
puissante de Saint-André n'avait pu se soustraire à
leur contrôle. Sans doute, l'abbé avait pour le
représenter un maïeur devant qui se faisait la vente
des immeubles et à qui se payaient les droits, mais,
pour que le transfert fut valable, la présence des
échevins était nécessaire. Bien plus, l'abbé n'avait
sur les hommes du monastère qu'une juridiction
restreinte. En effet, à ses plaids qui se tenaient le
mercredi, la présence du corps municipal était encore
requise et c'était lui qui jugeait. L'amende perçue
par l'abbé ne pouvait dépasser huit sous cambrésiens.
De même, ses plaintes contre ses débiteurs étaient
jugées « d'après le dit d'eskievins », son maïeur

---

[1] A. D. F. d. C. Cartulaire 3, fo 274. « Et si i furent à cest
recort comme eskievins dou Castel, Bauduins li Winenciers,
Gilles de le Mote, Watiers Alongevile, Drives de Maurroit et
Gérars Escarsiaus et Pierre de Saint Vaast. »

pouvait alors percevoir vingt-six sous et le cartulaire note avec soin « et nule plus grande amende, ne autre iustice n'a Saint Andriu au Castel. » Comme indemnité pour leur assistance aux plaids de l'évêque, les échevins recevaient chaque année quatre « capons » à la Noël [1].

En dehors du Cateau, dans les faubourgs de la ville, les échevins assistaient aussi à la vente des immeubles avec l'assistance du maïeur de Saint-André ou du châtelain, suivant que les terres appartenaient à l'abbaye ou à l'évêque [2]. Ils devaient

---

[1] Li consaus de le vile dou Castel dist ke Sains Andriu a maïeur iretaule en le vile dou Castel, et cil maires sert de tel offisse. Se nus vent iretages ki soit des tenans Saint Andriu, chis maires doit estre por recevoir l'entrée et le issue, et par-devant les eskievins dou Castel por le droiture Saint Andriu. — Se li hoste Saint Andriu doivent à Saint Andriu, li maires en doit faire droit par enseignement d'eskievins dou Castel. — Se li abbés veut tenir plait en se court au Castel, avoir doit les eskievins dou Castel le merquedi pour droiturer ses tenans, si comme de cateus et d'iretages dont ils sont tenant de Saint Andriu, et s'amende i a, lever le doit li abbés, dusques à VIII s. cambrésiens et li réclamans II s. cambrésiens, et par le dit d'eskievins dou Castel le doit faire. — Et se li abbés se clame à sen maïeur de ses rentes, lever en doit XXVI cambré-siens s'en i a, ses maires II, et por enseignement dou Castel, et nule plus grande, etc. — Et por le raison ke li eskievin dou Castel vont as plais l'abbé quant il en sont requis, doivent avoir au Noël cascuns IIII capons. »

[2] Ibid., fº 271ᵛ. « Et li consaus dou Castel, n'a mi entendut ne uset ke li maires de Baisuel doive rechevoir entrée ne issue d'iretage ki soit dehors le closure de Baisuel, ne ni doivent estre li eskievin de Baisuel. Ains i doivent estre li eskievin dou Castel et li maires Saint Andriu dou Castel as teres ki sunt Saint Andriu, e li castelains a celes ki sont dessous monsigneur l'évesque. »

également avoir quelque autorité à Basuel, car le cartulaire des archives porte, sous la mention du Cateau, que chaque feu à Basuel doit six sous pour bourgeoisie [1].

Les anciens et connétables existaient au Cateau. Il est probable que leurs fonctions se rapprochaient de celles remplies par les sept vingt hommes d'abord, les égards, ensuite à Cambrai [2], les connétables à Douai [3], qui avaient à surveiller l'administration des échevins.

C'est probablement avec ces officiers qu'il faut identifier les deux rewarts que nous voyons mentionner en 1255 [4].

Ici comme partout, le droit de bourgeoisie était soumis à certaines redevances.

1° Tout bourgeois demeurant au Cateau devait douze sols cambrésiens à la Saint-Rémy chaque année, à moins d'être en possession d'un fief tenu de l'évêque, ou bien d'être ainsi que sa femme, né de père et mère eux-mêmes déjà bourgeois de la ville ;

2° Tout homme qui venait habiter au Cateau, de la Saint-Jean à la Saint-Rémy, devait le droit de bourgeoisie pour toute l'année ;

---

[1] Ibid., f° 272.

[2] DUBRULLE. *Cambrai à la fin du Moyen âge*, p. 75. Peut-être même y aurait-il eu lieu de voir un souvenir des groupements germaniques.

[3] TAILLIAR. *Recueil d'actes des XIIe et XIIIe siècles* en langue romaine et wallonne du nord de la France. (Douai 1859, in-8°).

[4] « A cest recort faire furent de par monsigneur le vesque mesires Jehans de Mons et maistre Werris Toriaus, ki adont erent rewart dou Castel. » — Recort cité plus haut.

3° Ceux qui se mariaient avant la Saint-Rémy devaient le droit à cette date et ceux qui se mariaient après ce jour le devaient à la Saint-Rémy de l'année suivante ;

4° Parmi les bourgeois, ceux qui payaient un droit dit de courtillage (rachat des corvées de fenaison) qui s'élevait à 12 sols cambrésiens dus à la Saint-Rémy et 12 autres à Pâques, étaient exempts du droit de bourgeoisie.

Le revenu de tous ces droits était acensé 24 livres parisis par an [1].

En dehors des bourgeois se trouvaient les six hommes de fief de l'évêque. Ces personnages étaient exempts des droits de bourgeoisie, de corvée et de fouée. Ils touchaient différentes taxes que nous citerons plus loin et auxquelles il faut ajouter quarante lots de cervoise au début du Carême, un quartier de jambon le Jeudi saint et deux « capons » à la Noël [2].

Nous avons vu le peu d'influence que Saint-André

---

[1] *Terrier des Evêques de Cambrai,* folio 269. Archives du Nord. Fonds de la cathédrale de Cambrai, N° 3.

[2] « Ce sont li VI fiévet le vesque au Castel : Gilles li Doïens, Me dame Alixandre, Li oirs Loquart, Li Fiévés, Cantiaus, Colars de Berghes. Et doit on savoir ke me sires li vesques doit à cascun II paire de sollers l'an, à païer une paire à le Saint Remi et l'autre paire à le Pasques, et al entrée de Quaresme XL los de cervoise à cascun, mais Cantiaus en a IIII^{xx} los et se doit li vesques à cascun le jor dou blanc dioes I quartier de bacon. Et dist on ke on racate cascun quartier de bacon de V sols de blans. Et si doit li vesques à cascun de ces VI fiévés II capons au Noël. » A. D. F. d. C. Cartulaire 3, f° 273 ^{v} et 274.

paraît avoir eu dans la direction politique et judiciaire de la ville. De fait, le couvent semble avoir vécu en dehors de la commune, les maisons qui lui appartenaient se trouvaient dans un même quartier contigu à l'abbaye (1).

Comme on le voit, nous avons peu de renseignements sur l'administration du Cateau au Moyen Age. Il est d'ailleurs probable que les règlements que nous trouverons aux XVe et XVIe siècles n'étaient que la confirmation de choses déjà existantes. Quant aux lois, sauf de rares exceptions, nous pouvons dire qu'elles étaient en général celles du Cambrésis (2).

Comme il faut s'y attendre, l'industrie et le commerce du Cateau étaient surtout d'ordre agricole. Toutefois, les noms de rue des Fuseliers, de rue et de pont des Foulons, comme aussi les qualificatifs de lineresse, semblent indiquer que la ville participait au commerce textile florissant à Cambrai.

Les renseignements que nous possédons nous informent seulement des diverses taxes payées à l'évêque par les différentes industries.

---

(1) Ibid., p. 249. « On doit savoir ke de le porte Naghet à destre por venir aval par devant Saint Martin, sunt les maisons Saint Andriu. »

(2) Sur ce sujet, voir Dubrulle. *Cambrai à la fin du Moyen Age*, p. 128, 129, 145, 146. Contrairement à ce que dit le Dr Cloez, *Etude historique*, p. 15, l'évêque n'était pas juge en sa propre cause. Le tribunal du bailli dont il parle, était composé des pairs du vassal qui formaient une sorte de jury et le registre de leurs délibérations pour le XIVe siècle nous a été conservé aux Archives de Cambrai.

Dès le XIIIᵉ siècle, existait une halle qu'une gravure nous représente comme une maison à trois pignons, dont la façade de chacun est percée par deux ouvertures. Elle semble n'avoir guère servi à cette époque qu'au commerce des grains. La charetée de grains payait deux sous tournois, la charge d'un cheval payait un sou, celle d'un homme une obole. Cette taxe rapportait 20 l. p. par an au prélat [1].

Le Docteur Cloez [2] dit que les habitants avaient à payer sous le nom de gave ou gaule une redevance en blé à l'intendant de l'évêque. Il y a là une grave erreur. Le droit de gave était dû non à l'évêque, mais à l'avoué du chapitre de Cambrai et nous le voyons s'établir peu à peu au XIIᵉ siècle. Il est expressément reconnu lorsque Charles le Bon occupe la châtellenie [3]. Des comtes de Flandre il passa aux différents possesseurs du comté, rois de France, ducs de Bourgogne, etc. [4].

Le prélat possédait deux moulins qui sont ceux désignés sous le nom de moulins jumeaux et situés près la rue des Foulons [5]. Tous les habitants soumis

---

[1] A. D. F. d. C. Cartulaire 3. — « C'est li halages au Castel. »

[2] *Etude historique,* p. 26.

[3] M. G. XIV. *G. Nicolai,* p. 242. « Dicit enim esse suum, per jus hereditarium, ut conferat auxilium, viris Cameracensium, more Karoli, comitis, sui boni predecessoris, qui gavalum Cameraci possedit nutu Cœsaris. »

[4] Denis du Péage. *Ecole des Chartes. Position des thèses de l'année 1900.*

[5] A. D. F. d. C. Cartulaire 3, p. 263.

au cens de l'évêque devaient y moudre leur grain [1]. Les hôtes de Saint-André devaient faire moudre aux moulins de l'abbaye et faire cuire leur pain à son four [2].

L'évêque possédait deux fours à Cambrai, l'un devant la porte Jehan Fournel, l'autre dénommé four Saint-Sauveur. La cuisson d'un maincaut au XIIIe siècle valait un denier. Le premier des fours rapportait par an 40 s. p., le second 6 l. p. [3]. Les vendeurs de pain payaient 12 s. à la Saint Rémi et 8 à Pâques pour leur étal au marché [4].

Les charcutiers ou macecliers payaient 2 s. à la Saint Rémi et à Pâques pour leur étal [5].

Pour tout muid de « brai » brassé, l'évêque percevait un setier de 20 lots de cervoise. Les droits sur le commerce du vin lui rapportaient par an 20 l. p. Cette taxe variait suivant que le vin était déchargé en un lieu payant le cens à l'évêque ou non. Dans le premier cas, la charette payait un setier de vin, le char deux setiers ; dans le

---

[1] Ibid., p. 273. « Et s'est assavoir tout cil dou Castel ki mainent en le rente le Vesque doivent molre as molins iumiaus le vesque, et nomméement li boulenguier. »

[2] Ibid. « Li oste Saint-Andriu doivent molre as molins Saint-Andriu et cuire as fours. »

[3] A. D. F. d. C. Cartulaire 3, p. 267.

[4] Ibid., p. 273. « Cascuns estaus là u on vent pain, doit XII cambrésiens à le Saint Rémi et XIII cambrésiens à Pasques.»

[5] « Cascuns estaus de macecliers doit II s. cambrésiens à le Saint Rémi et II s. à Pasques. »

second cas, on ne payait que la moitié (1). Ce droit rapportait 20 l. p.

La charette de poutres ou de planches payait 2 sous, sauf pour les planches tirées des propriétés de l'évêque. Il faut remarquer que les protégés du sire de Bousies, ainsi que les habitants de diverses villes, n'avaient rien à acquitter (2).

La charretée de charbon de terre payait quatre sous cambrésiens. Pour le charbon de bois, il payait deux sous. Le char était taxé à quatre ou huit sous, suivant qu'il était à un ou deux chevaux (3).

Les cordonniers payaient à la Toussaint ou à Pâques deux paires des souliers ou bottes qu'ils fabriquaient à celui qui leur louait l'étal. Le sergent de l'évêque prenait également une paire. Les six

---

(1) Ibid., p. 267. « Li caretée de vin doit au vesque I sestier de vin et li carée II sestiers, se on le deskerke en liu u li vesques prent ses rentes — et se on le deskerke, li veskes i a moitié partout ailleurs — se li vins paie forage au vesque et on le remet en I autre liu u li vesques n'a ke le moitié, cuites en est au vesque por une fie payer. — Et si on le remaine d'un liu u li vesques n'a ke le moitié et on le remet là u li vesques a ses rentes, li vesques a tout le forage. — Et che asensist-on XX l. p. »

(2) « Toutes les caretes dou Castel et d'ailleurs ki carrient mairien esquarret au Castel doivent au Vesque cascune, de le caretée, II cambrésiens, fors li home l'évesque de fief. — A le karetée de tille ki est dou bos l'évesque a li vesque XII cambrésiens, etc. »

(3) « Li caretée de carbon de tere doit IIII cambrésiens. — Li caretée de carbon de brese, ki est de laigne, doit II cambrésiens. Se li chars a limons IIII cambrésiens et s'il a thimons, il en doit VIII cambrésiens. »

fiéfés recevaient chacun deux paires de l'évêque. Le loueur et le sergent choisissaient à l'étalage ce qui leur plaisait le plus, mais dans l'ordre indiqué (1).

Les maisons qui étaient vendues payaient quatre sous cambrésiens pour l'entrée et l'issue, l'évêque en avait six sous et le maïeur touchait le reste (2). Pour les maisons situées en dehors des murs, on payait la moitié de l'estimation lorsqu'il y avait vente ou que le chef de famille mourait (3).

Au XIVᵉ siècle, Guillaume, comte de Hainaut, établit les Lombards au Cateau (4), dans la rue de la Boulangerie (5).

Grâce à la libéralité des évêques, les maisons de bienfaisance étaient nombreuses au Cateau.

Comme hôpitaux, la ville possédait une ladrerie établie déjà au XIIIᵉ siècle et à laquelle l'évêque devait un demi-maincaut de blé toutes les trois

---

(1) « Li cordœnier et li sueur doivent au vesque uns sollers, botes ou noiaus ? II feies l'an. — C'est à savoir à le Toussains et à le Pasques en tel manière ke cil cui li estal sunt, pueent oster des milleurs II paires. — Et li serjans l'évesque prent après. — Et de ces sollers prendent VI fievet le vesque cascuns II paire. »

(2) « Toutes les maisons dou Castel doivent au vendage IIII cambrésiens de issues, et IIII cambrésiens de entrées. Et de chou à li vesques VI cambrésiens. Et li maïeur II cambrésiens. » — A. D. F. d. C. Cartulaire 3.

(3) Ibid. — C'était, comme on le voit, une application très mitigée du droit de main-morte.

(4) A. D. B. 705. Il en établit d'ailleurs dans beaucoup des villes de la région, notamment à Cambrai.

(5) FINOT. *Inventaire sommaire,* p. XXXI.

semaines [1]. Les prélats se montrèrent d'ailleurs les protecteurs zélés de cet établissement. En 1296, Guillaume de Hainaut lui céda par testament douze lits [2]. Situé tout d'abord près de la porte Saint-Martin [3], cet asile se trouve en 1311 à Montay, où il est dirigé par des sœurs à qui Pierre de Mirepoix donna des règles assez sévères. Sauf le dimanche et les jours de fête, elles étaient tenues au jeûne et à l'abstinence ; un proviseur et une supérieure étaient à leur tête [4].

De même l'hôpital du Saint-Esprit existait au XIVe siècle, mais nous n'avons pas de détails sur sa fondation. En 1319, Pierre de Mirepoix soumit à la règle de Saint-Augustin les sœurs qui en avaient la garde [5].

Mentionnons encore un béguinage, une maison des cartriers ou incurables que le Terrier de 1275 nous indique comme étant situés près du pont des Foulons et près de la rue de la Boulangerie. Entre la rue Saint-Sauveur et celle de l'Hôtellerie existait une hôtellerie que divers droits nous permettent de regarder comme étant aussi un établissement de bienfaisance [6].

---

[1] « Li vesques doit à chiaus de Saint-Ladre, del molin, cascunes III semaines, demi-maincaut de blé. » — A. D. F. d. C. Cartulaire 3, fo 273.

[2] St-Genois. *Monuments anciens.*

[3] A. D. F. d. C. — Cartulaire 3, fo 249v.

[4] Dom Potier.

[5] Pièce justificative.

[6] A. D. F. d. C. — Cartulaire 3, fos 263v, 241v, 273.

DEUXIÈME PARTIE

LE CATEAU

AUX TEMPS MODERNES

LE CATEAU DE 1450 A 1550

Avec la seconde moitié du XVe siècle, commence pourl e Cateau une ère de malheurs. Située à la limite des états du duc de Bourgogne et du roi de France, plus tard de l'Empire et de la France, sur la route des armées qui, par la vallée de la Somme ou de l'Oise, cherchent à gagner Paris, la ville aura beaucoup à souffrir. Sans doute, le Cateau comme du reste le Cambrésis est neutre, puisqu'il ne dépend ni de la Bourgogne, ni de la France, mais est une possession directe de l'évêque-comte. Cette neutralité est confirmée par les divers belligérants [1], mais le moyen pour le faible comte de faire respecter cette neutralité ?

Nous avons vu les habitants prendre une initiative qui indiquerait une certaine indépendance de la part

---

[1] Voir à ce sujet les pièces publiées dans le *Mémoire pour l'Archevêque de Cambrai*, intéressant recueil de documents concernant la souveraineté temporelle des évêques de Cambrai. (Paris, 1772, in-4°).

de l'échevinage, lorsque, en 1381, ils se mirent sous la protection d'Albert de Bavière, comte de Hainaut, et de son fils Jean. Cette protection passa de la maison de Hainaut à celle de Bourgogne lors du décès de Jacqueline de Bavière, et enfin au roi d'Espagne.

En se mettant sous la protection d'un prince qui n'était engagé ni envers la France, ni envers l'Angleterre, les Catésiens avaient pensé garantir leur neutralité. Ils n'eurent pas à se plaindre du premier changement de protecteur. Les ducs de Bourgogne étaient tout puissants, et il eût été d'ailleurs difficile à la ville d'échapper à leur influence, car l'évêque et le chapitre de Cambrai étaient tout entiers à la dévotion du duc [1]. Mais dès que les guerres éclatent sous le gouvernement de Louis XI, la ville en souffre.

Déjà, pendant la troisième ligue formée par le duc contre le roi, la ville est brûlée.

En 1473, malgré la garnison bourguignonne que commande le prince de Chimay, les Français brûlent la ville ; il ne reste que sept maisons et l'abbaye, encore plusieurs parties de cet édifice sont-elles détruites, entre autres les deux clochers. Saint-André est d'ailleurs si complètement pillé que, pour replacer portes et fenêtres, les moines sont obligés de vendre les joyaux du couvent. Les soldats que l'on avait établis jusque-là dans les caves ou dans les quelques

---

[1] DUBRULLE. *Cambrai à la fin du Moyen Age*, p. 302, 307.

masures restées debout, viennent dès lors loger dans l'abbaye et en épuisent les ressources. Craignant pour sa sûreté, l'abbé vit retiré à Cambrai, dans l'abbaye Saint-Aubert [1].

A la mort de Charles le Téméraire, en 1477, Louis XI s'empresse de faire occuper une partie de l'héritage de Marie de Bourgogne et, sans souci des droits de l'Empire [2], occupe le Cambrésis. Rien n'est plus curieux que cette situation où Français et Bourguignons occupent quelquefois la même ville ensemble et ne se souviennent de sa neutralité que pour la piller. Le fait se passe à Cambrai et Molinet nous en a laissé le souvenir.

Il n'en va pas autrement au Cateau. Les troupes de Maubeuge, commandées par Lalpart, entrent par surprise la nuit dans la ville, tous les habitants sont emmenés prisonniers et on exige d'eux de telles rançons que certains ne peuvent les payer et meurent en captivité [3].

---

[1] Tous ces détails inédits sur les invasions françaises au XVe siècle nous ont été laissés dans les notes de Dom Potier.

[2] Voir à ce sujet la lettre de Louis XI à l'empereur. CHARAVAY et VAESSEN. *Lettres de Louis XI* (Paris, 1883, in-8º en publication), t. VII, p. 36. — Sur l'occupation de Cambrai, voir LESORT. *La succession de Charles le Téméraire à Cambrai*, dans les *Mémoires de la Société d'Emulation de Cambrai*, 1902.

[3] Il est d'ailleurs à noter qu'il fallut payer deux fois les rançons. En effet, d'après Dom Potier, « quant leurs rançons furent prestes, on les envoya par un homme d'église, lequel eut la gorge coupée en chemin et convint trouver nouvelle pareille rançon en quoi ladite abbie fut grandement intéressée ».

A peine ceux qui ont été mis en liberté sont-ils rentrés que Maraffin (¹), gouverneur de Cambrai pour Louis XI, s'empare de la ville.

Comme à Cambrai, il y exerce durement sa domination et en profite pour piller ce qui reste. Les constructions qui venaient d'être relevées sont de nouveau détruites ; le clocher de l'abbaye est incendié, ainsi que la grange « qui estoit fort belle et pleine de gerbes ». Les cellules des moines s'écroulent ; le linge, les effets des religieux, leurs meubles sont emportés par les gens de guerre. L'abbé fut obligé de quitter Saint-André et de se retirer au Quesnoy « comme un étranger povre homme, sans robbe, sans quelque abbit de religion, un blanc bonnet seulement sur sa tête, difforme entre toutes gens de bien, et fut longuement sans oser retourner à l'abye ».

Le 30 novembre, nouvelle attaque des Français dans laquelle nombre d'habitants sont tués en s'efforçant de protéger les femmes et les enfants. Les religieux qui étaient restés pour assurer le service

---

(¹) Le Docteur Cloez, p. 48, appelle ce personnage Macafin. Il s'agit de Louis de Maraffin, seigneur de Notz-en-Brenne. Les vols qu'il exerça étaient célèbres, ainsi que le montre la chanson :

Elle est bien abillée
La ville de Cambrai,
Maraffin l'a pillée.

Journal de Jean de Roye, t. II, p. 390 (Paris, 2 vol. in-8º). Il pilla surtout les ornements d'église, reliquaires etc. ; il s'en fit faire une chaîne dont Louis XI disait : « N'y touchez pas, elle est sacrée ».

divin, comme « ils ne savaient que manger », se retirent dans les diverses abbayes bénédictines du Hainaut [1]. Il ne reste plus à l'abbaye que deux religieux et un novice « qui faisaient du service le mieux qu'ils pouvaient, et eussent mieux fait si ils eussent pu avoir du pain et de l'iaue assez pour leur vivre, et des ornemens servans ». En effet, les soudards avaient emporté toutes les chappes et chasubles dont ils s'étaient fait des pourpoints. La Sainte Hostie elle-même avait été emportée avec les vases sacrés.

En 1479, Français et Bourguignons occupent en même temps la ville et s'y livrent à tous les excès [2]. Ce n'est que lorsque Henri de Berghes est appelé au siège de Cambrai, que le Cateau recouvre un peu de tranquillité. Profitant de ses bonnes relations avec Maximilien d'Autriche, le nouveau maître des Pays-Bas, sûr de l'appui que lui prêterait son frère Corneille, nommé gouverneur de Cambrai par le prince, il menace les gens d'armes de représailles. Moyennant le versement d'une somme assez grande, le Cateau fut délivré.

---

[1] A Saint-Ghislain, à Saint-Denis-en-Broqueroie, à Lobbes.

[2] « Item environ l'an LXXIX, comme en une ville abandonnée, les Franchois et Bourguignons, ensemble, chacun de son cartier, se tinrent en ladite ville, es tours et portes d'icelle. Et là, firent plusieurs roberies et dommages aux édifices de l'abye, pour ce qu'elle était à demi inhabitée, et se tenait pour lors ledit abbé à Valenciennes et ailleurs, allant à pieds de ville en ville pourcachant la liberté de l'abye. » Le début de ce passage s'inspire évidemment de MOLINET, *Chroniques* (édition BUCHON, *Chroniques nationales françaises*, t. XLIII, 1827).

Pendant les douze années qui suivirent, les habitants se réunirent peu à peu. La neutralité proclamée à Cambrai rendit la confiance et l'on commença à rebâtir les maisons, « et si la povreté ne eut été si grande, l'on eut mieux fait », les religieux de Saint-André revinrent à l'abbaye. Bref, malgré les guerres qui continuaient entre la France et la Bourgogne, la vie renaissait, quand, en 1491, la ville fut occupée par surprise par un aventurier, Jean Chevuillon [1], qui s'y installa avec une grosse garnison. Il s'empara des récoltes et les vendit à son profit. De nouveau tout travail cessa ; pendant deux ans les terres restèrent en friche. Pour faire cesser cet état de chose, l'évêque dut encore entrer en composition avec l'usurpateur. Cette composition fut de 3.200 écus d'or, sur lesquels l'abbaye en versa deux cents.

Et pourtant l'abbaye avait été fortement éprouvée. Si nous nous en rapportons à la supplique qui fut adressée au Pape à la fin du XVe siècle, les revenus n'étaient plus que de 1.100 ducats, sur lesquels il y avait lieu de prélever les rentes accordées à des

---

[1] Nous n'avons pu identifier ce nom. Dom Potier dit que ce fut un capitaine espagnol avec des soldats français. Il semble avoir copié textuellement ce passage sur une supplique adressée au Pape. Voici en effet la note ajoutée : « Copié d'après une copie ancienne et du temps qui est gardée aux archives de l'abbaye de Saint-André au Cateau », au dos de laquelle copie est écrit d'une autre main ancienne : « Damp. Jan Soris fut fait abbé de Saint-André en l'an mil IIII^cLXX au mois de septembre, vixit XXXIII. Ant. abbé ». M. Finot. *Inventaire sommaire,* p. v, dit qu'il y eut deux invasions en 1491 et 1501.

particuliers, les pensions qui étaient en retard et les frais de réfection. Aussi l'abbé demanda-t-il au Pape la réduction à 200 ducats du service de l'annate qui se montait autrefois à 1.200 ducats [1].

En 1493, nous voyons donner à cense une ferme qui était inoccupée depuis plus de cent ans. Ajoutons d'ailleurs qu'en 1480 et 1481, pour comble de maux, tout le Cambrésis eut beaucoup à souffrir de la famine [2].

Philippe le Beau lui-même voulut diminuer la détresse de la ville, détresse due en grande partie à ce qu'elle avait embrassé le parti des ducs de Bourgogne. Par une lettre datée du 10 septembre 1493 et rendue à la requête de l'évêque Henri de Berghes, il remit aux habitants du Cateau pour huit ans, la somme annuelle qu'ils devaient au château de Bouchain pour être gardés et défendus. L'archiduc reconnaît que ce devoir, qui incombait à ses prédécesseurs, n'a pas été rempli [3]. Rien n'est plus navrant

---

[1] L'*Inventaire analytique des libri obligationum et solutionum des archives vaticanes,* publié par BERLIÈRE (Paris, Bruges, 1904, in-8°), ne fait pas mention de cette réduction. Toutefois, la somme fixée était exacte, car nous voyons l'abbé dom Soris s'engager à payer 1.250 fl. et cinq services des familiers, n° 1793. D'ailleurs, il est à remarquer que la série des registres de la chambre apostolique est incomplète pour cette période.

[2] Ms. 742 de la bibliothèque de Cambrai, en 1481. — « On vendoit le mencault de bledz deux escus, et dura ledit chier temps jusques à l'aoust IIII^xx et deux ».

[3] Bruxelles. — A. D. B. 2.152. — Dom Potier donne une traduction française de cette lettre.

que les laconiques considérants de cet acte : « Les manans de la dicte ville n'avoient esté gardez ne soutenus, ains, au contraire, par les gens d'armes de par deçà supprins, efforchez et pillez, ...tost après est avenu que la dicte ville a esté brulée et destruite, tellement que des maisons et édiffices, tant dedens la dicte ville que ès faubours, il n'y est comme riens demouré..., et après que la dicte ville c'estoit pour une grande part réédifiée, les dicts gens de guerre de par deçà y estans dedens et tenans garnison, fut prinze par les ennemis, pillée et encore autrefois mise en feu ».

A peine cinquante ans de paix succédèrent à ces malheurs. Des fêtes vinrent égayer ce laps de temps, notamment celles qui furent célébrées à l'occasion de la concession à l'évêque du titre de duc, en 1510.

Jacques de Croy fit de la ville sa résidence habituelle, ce qui y amena un peu de mouvement. Il fit, en même temps, commencer un palais, véritable résidence princière, que décorèrent le pinceau de Jehan Lefebvre et le ciseau de Félix van Pulaer [1]. Mais ce repos finit bientôt, la rivalité entre les maisons de France et d'Autriche rouvre l'ère des incendies et des pillages. En 1543, François Ier

---

[1] Le Docteur Cloez, p. 49, parle « de l'ancienne forteresse d'Herluin et de Gérard de Florines, à l'aspect lourd et féodal ». Erluin n'eut d'autre château qu'une tour de bois ; quant à la résidence de Gérard, nous n'en avons aucune description. Est-ce celui qui avait été restauré en 1270 par Nicolas de Fontaines ? (FINOT. *Inventaire sommaire,* XXVI).

occupe le Cateau, en chasse la garnison espagnole mise par Charles-Quint et y laisse cinq cents fantassins et quatre cents cavaliers « faisans plusieurs graives dommaiges, foulles et oppressions aux manans et habitans dudit pays [1]. » Lui-même vient s'y installer et semble attendre l'attaque de son adversaire, mais apprenant par un capitaine de l'armée de l'empereur, nommé Dauduinque, que celui-ci était en force, il abandonne la ville pendant la nuit « sans sonner trompette ou tambour, dont ceux du Chastel furent fort joyeux [2] ». L'empereur paraît avoir peu partagé ces sentiments. Il imputa aux Catésiens et à leur « fol évesque » cette retraite si facile et ne cacha pas sa mauvaise humeur contre les habitants [3].

Cette occupation du Cateau par le roi de France qui, comme Charles-Quint, du reste, avait cependant garanti la neutralité du Cambrésis, décida le dernier à attaquer pour la première fois la souveraineté temporelle des évêques. En réponse à cette occupation, l'empereur fit élever une citadelle à Cambrai. Malgré les protestations de ne préjudicier en rien « aux droits, franchises et privilèges dont les évesques,

---

[1] *Mémoire pour l'Archevêque.* Mandement de l'empereur pour l'érection d'une citadelle à Cambrai.

[2] Bibliothèque de Cambrai, ms. 884, fᵒ 89. — Sur ce départ de François Iᵉʳ, voir : *Bulletin de la Commission royale d'Histoire de Belgique,* t. XII, fᵒ 48, d'après une pièce des archives vaticanes (armaria XXIII).

[3] DUPONT. Op. cit. t. II passim.

gens d'église et les manans et habitans desdits cité et pays sont en possession (1) », c'était la main-mise de l'Espagne sur la ville.

En même temps, la garnison qu'il installa au Cateau y commit mille excès, et afin d'éviter une nouvelle surprise qui eut fourni à son adversaire un point d'appui sérieux, il fit démolir les remparts de la ville, sauf la tour du palais épiscopal. Heureusement, l'intervention de l'évêque Robert de Croy le fit revenir sur sa décision et, le 1er mars 1545, Charles permit « de clore la ville du Chasteau en Cambrésis pour préserver les manans des courses et pilleries des mauvais garçons et vacabonds (2). »

Robert de Croy fit d'ailleurs beaucoup pour le Cateau, où il termina le palais commencé par son parent Jacques et dont Paradin nous a laissé la description. Il comprenait plusieurs résidences, dont la plus élevée portait le nom de Beau-Regard. Une galerie, soutenue par des colonnes, permettait de voir « tout le contour et contenu de la ville, faux-bourgs et lieux circonvoisins ». Venaient ensuite en gradins : Mon Plaisir, beaucoup plus vaste, construit « avec un grand artifice d'architecture », orné de statues de marbres et « pintures de diverses

---

(1) *Mémoire pour l'Archevêque de Cambrai*, n° 71. — Voir DE CARDEVACQUE, *Notice historique et archéologique sur la citadelle de Cambrai*, et DURIEUX, *Charles-Quint et son fils Philippe à Cambrai en 1549 (Mémoires de la Société d'Emulation de Cambrai*, t. XXXV et XXXVI.

(2) Ibid., n° 73.

fantaisies » ; Mon Soulas, construction carrée aux angles de laquelle se trouvaient des tourelles et qui renfermait une magnifique volière ; elle était complètement entourée de fossés poissonneux. Mon Déduit était réuni par un pont avec la ville (1). C'est là, au pavillon de Mon Plaisir, que l'évêque réunit un synode en 1550. Ce fut Robert de Croy également qui fit construire l'hôtel de ville (2).

Hélas ! Ces remparts que l'évêque avait obtenu de rétablir devaient être de peu de secours. En septembre 1553, Henri II s'empare de la ville dont il fait fermer les portes, sauf une. Avec sa suite, il s'installe dans la magnifique résidence qu'a fait élever Robert de Croy. Le roi, le cardinal de Lorraine, le duc de Guise sont dans le corps de logis appelé Beau-Regard ; le cardinal Farnèse à Mon Plaisir ; le cardinal de Châtillon, l'évêque d'Albi à Mon Soulas ; le trésorier de l'épargne, les secrétaires des commandements à Mon Déduit. Sa présence eut au moins l'avantage de préserver le Cateau du pillage.

En 1554, nouvelle occupation de la ville suivie de sa reprise par les Espagnols qui s'y conduisent si mal que beaucoup de Catésiens s'éloignent. En 1555, le maréchal de Saint-André s'en empare par

---

(1) Le registre des comptes du receveur général des finances (A. D. — B. 2539, f° 567 v°) donne d'autres noms : Beau Regard, Monsoulas, Monsecours, Monplaisir et la Belle Ymaige.

(2) Notes de dom Potier. « Extrait de la ferme de la ville du Chasteau. La devise de la maison de ville dudit Chasteau a été établie le 12 de juillet 1537 et la relivrance de l'ouvrage d'icelle a été faiste le 3 septembre 1539 ».

escalade. Toute la garnison est passée au fil de l'épée, sauf les Espagnols. En se retirant, il livre la cité aux flammes et en démolit les portes et murailles [1].

Il n'y resta que quatre maisons. L'abbaye de Saint-André fut également détruite « sans qu'il y fut rien demeuré enthier pour y pouvoir plus démorer un seul religieux ».

Ceux-ci durent se disperser « sans avoir peu sauver nuls ny aucuns biens, ornements, lettriages, tiltres et munimens estants en icelle Eglise et abbaye [2] ».

Ce fut pourtant cette ville ouverte à tout venant, tant de fois pillée et incendiée, qui fut choisie pour être le lieu de réunion des plénipotentiaires chargés de traiter de la paix entre la France et l'Espagne. Les dépenses qui furent faites pour remettre les divers palais en état de recevoir les hauts personnages, les fêtes qui furent données en leur honneur, ramenèrent un peu de gaieté et de richesse dans la cité.

De décembre 1558 au mois d'avril 1559, le Cateau vit ses rues animées par les fourriers des différentes cours et les équipages des grands seigneurs [3]. Le

---

[1] *Précis statistique et historique.*

[2] Enquête de 1609. Le document a été publié par M. Bocquillet dans le *Bulletin de la Société d'Etudes de la Province de Cambrai 1905*, p. 39 à 41. Il place cette attaque en avril 1554.

[3] Sur les détails de cette réception, voir *Mémoires du Cardinal de Granvelle*, t. 34, p. 180 à 188. Le Docteur CLOEZ, p. 53. « Les Catésiens « loustics », en souvenir du passage de ces plénipotentiaires, ont donné le nom de « rue de l'Hôtelerie » à la rue où fut signé le traité ». Nous avons vu que cette rue était déjà dénommée ainsi en 1275.

2 avril, la paix fut solennellement publiée au lutrin
de Notre-Dame par les hérauts des rois Philippe II et
Henri II « et on fut fort joyeux de la paix et on fit
plusieurs esbatements et réjouissances [1] ».

Six mois après, des fêtes plus intimes célébraient
l'entrée du nouvel archevêque Maximilien de
Berghes. Nous nous étendrons sur cet événement,
car, outre qu'il nous renseigne sur l'état de la ville à
cette époque, le récit de dom Potier, que nous
suivrons, nous fournit de précieux documents sur
l'administration de la cité.

Ce fut le 29 octobre que le prélat, escorté d'un
grand nombre de seigneurs et des trois compagnies
de Cambrai : arbalétriers du grand serment, canonniers
et archers de Sainte Chrétienne [2], s'approcha du
Cateau.

A l'abbaye de Saint-André s'étaient réunies les
autorités civiles et religieuses. C'est de là qu'elles se
dirigèrent vers la porte l'Evêque. Le châtelain, les
échevins [3] et leur greffier [4], vêtus de longues robes

---

[1] Bibliothèque de Cambrai, ms. 884, fᵒ 140.

[2] Dom Potier nous donne le costume de ces compagnies
que nous n'avons pas trouvé ailleurs pour cette époque. « Les
arbalestriers du grand serment vêtus de sayons incarnat violet,
bordés de passements d'or ; les canoniers vêtus de sayons de
camelots sans onde rouge bordés de même, et des archers de
Sainte Chrestienne vêtus de sayons de frize bleu bordés de
passements de soie rouge et blanc, lesquelles trois compagnies
avaient chacun chapeau et plumes de leurs couleurs et parures ».

[3] Etaient alors en fonction, Hubert Laurent, Jean Canonne,
Bernard Gislain, Jean Duquesnez, Adrien le Duc, David
Plouchart, Gilles de Saint-Martin.

[4] Jean Rogier.

de drap recouvert de velours, étaient précédés de leur
concierge avec la verge blanche. Devant eux, marchaient douze bourgeois armés de pied en cap, figurant
les douze pairs du Cambrésis dont ils portaient les
boucliers. Venaient ensuite cent « compagnons à
marier », couverts par la cuirasse et le morillon, armés
de piques et d'arquebuses, les arquebusiers de la ville
« en fort bon équipage » et les arbalétriers. Les douze
pairs allèrent rejoindre le prélat à une lieue de la
ville ; compagnons et arquebusiers le saluèrent au
passage de grands coups d'arquebuse. Quant aux
autorités, elles s'arrêtèrent à quelque distance des
remparts, sur la route de Cambrai. Arrivé près d'elles,
l'archevêque prêta serment d'abord à l'abbé pour
Saint-André, puis étant descendu de cheval (1), promit
de garder les Catésiens dans leurs franchises et
libertés. Ce fut seulement alors qu'il entra dans la
ville au bruit des détonations et se rendit à l'abbaye
où, après le *Te Deum*, il jura sur les saints évangiles
de garder son serment envers les Catésiens, et ceux-ci
lui prêtèrent le leur. Rendu en son palais après
avoir fait largesse au peuple, il reçut de la part du
châtelain et des échevins une coupe d'or de soixante
écus (2), et ces officiers allèrent alors assister à l'hôtel
de ville à un banquet auquel furent conviés

---

(1) « Ce qu'il n'avoit pas fait pour ledit seigneur de Saint-
André. »

(2) « Lequel présent ledit sieur révérendissime prit de bonne
part et but en icelle à tous iceux, et leur fit à tous boire
dedens. «

plusieurs gentilshommes. La fête se termina par des moralités représentées devant l'hôtel de ville.

C'est par ces souvenirs de fête que nous achèverons l'histoire de ce siècle de guerres et de ruines que nous venons d'étudier.

LE CATEAU SOUS L'INFLUENCE ESPAGNOLE

Nous avons vu, dans le chapitre précédent, l'influence bourguignonne, puis espagnole, devenir prépondérante dans le Cambrésis et au Cateau. Ces pays allaient être soumis aux mêmes vicissitudes que les Pays-Bas pendant le XVIe et le XVIIe siècles. Ici encore, le protestantisme allait diviser les habitants et la guerre accumuler les ravages.

Les doctrines de Luther se répandirent rapidement dans le Cambrésis, et le Cateau devint l'un des principaux centres d'action pour les adeptes de la nouvelle religion. Dès le 6 août 1531, Robert de Croy, effrayé des proportions que prennent le colportage et la propagation des livres protestants, fait promulguer la peine de mort contre ceux qui en conserveraient dans leur maison [1]. Le 26 décembre, nouvel arrêté [2], renouvelé le 14 septembre

[1] Notes de dom Potier.

[2] Tout blasphème contre le nom de Dieu, la Vierge et les saints est défendu sous peine de 20 sols cambrésiens la première fois. Pour la seconde fois, la peine est laissée à la discrétion du juge.

1547 [1]. En 1542, lorsque l'archevêque accorde une amnistie générale, il en excepte ceux qui ont été bannis comme luthériens [2]. Cependant, ces premières rigueurs cessent bientôt et, en 1563, si nous voyons un hérétique puni, c'est pour avoir causé du scandale [3].

Grâce à cette douceur, le protestantisme se répandit rapidement ; mais ce fut la doctrine calviniste qui prévalut. « Pluiseurs bons bourgeois de cette ville avec leurs familles conversoient ensemble, communiquant les ungs avec les aultres familièrement les sainctes écritures [4] ». Toutefois, ce ne fut pas seulement dans la bourgeoisie que les nouvelles idées trouvèrent des adhérents. Le rôle considérable joué par les *faubourtiers* dans les émeutes que nous étudierons plus loin, semble indiquer que le menu peuple fut aussi conquis assez rapidement. Si l'on songe à la proximité de Valenciennes, l'un

---

(1) Notes de dom Potier. Ce nouvel arrêté fixait qu'en cas de récidive, le coupable était exposé trois heures au pilori et passible d'exil perpétuel.

(2) Ibid.

(3) Il est condamné par le châtelain et les échevins à une réparation honorable, c'est-à-dire suivre la procession derrière le curé « nus teste, ayant un chierge ardent de demie-livre en ses mains, et, revenu devant le crucifix, demander à Dieu merchi et pardon ».

(4) « *Discours de la rébellion de ceulx du Chastel en Cambrésis* », publié par LE GLAY dans les *Archives du Nord de la France,* 3e série, t. II, p. 238. Les principales sources pour cette histoire du protestantisme au Cateau sont indiquées par FINOT, *Inventaire sommaire,* p. 21, note 3. Il y a lieu de les compléter par les notes de dom Potier.

des centres principaux du protestantisme, rien n'est étonnant. Ajoutons, de plus, que la reine de Navarre possédait la seigneurie de Preumont et agissait de toutes ses forces pour y développer la nouvelle religion. Enfin, il est malheureux de constater que les mœurs de certains membres du clergé n'étaient guère propres à édifier les fidèles (1).

C'est en vain que le 25 juillet 1563, l'archevêque fait défense d'aller aux prédications des hérétiques et de détenir des livres suspects. Deux ans plus tard, il fait renouveler cette défense en y ajoutant celle de chanter les psaumes en français et de célébrer la cène (2). C'est le signal de la révolte.

Le 26 août 1566, le menu peuple, avec la complicité d'un bon nombre de bourgeois riches et influents, se révolta et ouvrit les portes de la ville au ministre Jean Lesur, dit Philippe (3), qui avait quitté le couvent des Carmes d'Arras. Accompagné d'aventuriers et de huguenots français, il enleva toute autorité au magistrat, les églises furent saccagées ; les prêtres et religieux, maltraités, sont forcés de fuir (4). Des

---

(1) Voir à ce sujet le tome II de la *Correspondance du cardinal de Granvelle,* éditée par POULET dans la *Collection des Chroniques belges inédites* (Bruxelles, in-4°), p. 4.

(2) Notes de dom Potier.

(3) Dom Potier en trace un tableau peu flatteur. Il se serait fait donner de l'argent par son prieur et une de ses tantes, afin d'aller étudier à Paris, et en aurait profité pour se rendre à Genève.

(4) Renouvellement des chartes du Cateau, en 1573, par Louis de Berlaimont. Dom Potier dit également que le service divin ne put se célébrer au Cateau.

religieuses de Saint-Ladre sont battues et l'une d'elles est laissée pour morte. Dans l'église Saint-Martin, transformée en temple, Lesur se dit envoyé de Dieu « pour oster toute profanation » et « abattre les idoles ». Joignant l'action à la parole, il se saisit d'une cognée, en frappe le crucifix, les statues de la Vierge et de Saint Jean et en fait transporter les débris dans une demeure où il a élu domicile. Le dimanche suivant, il fait désigner par l'assemblée un conseil qui s'attribue le titre de consistoire. Six hommes de la ville, quatre des faubourgs, sous le nom d'anciens, sont chargés « d'avoir regard sur tout le peuple, pour conduire et corriger ceux qui seraient défaillants et scandaleux ». Quatre diacres, élus également, furent commis afin de recueillir les deniers « pour la substantation des pauvres gens et des malades ». La célébration des offices catholiques fut interdite.

Ce fut en vain que l'archevêque écrivit aux magistrats de rétablir le calme dans la ville. Des soldats du Quesnoy s'étant établis à Montay, les « faubourtiers » s'ameutèrent pendant la nuit et se dirigèrent vers cette localité ; mal leur en prit, car les soldats résistèrent et l'un des émeutiers fut tué. Le prédicant jura de le venger et, le jeudi suivant, jour du prêche, les plus animés y vinrent avec « aucuns ostieulx et ustensiles, hoyaux, piques et cognées ». Le consistoire, averti, demanda à Lesur de les détourner de leurs projets. Malgré sa promesse, il n'en fit rien, et, au sortir du prêche, ils s'en allèrent détruire complètement le couvent de Saint-Ladre, tout en molestant grandement les religieuses.

Le consistoire, formé surtout de bourgeois, s'émut de ce fait et, par trois fois, fit citer le prédicant qui refusa de se rendre à son appel. Devant ces refus, l'affaire fut déférée aux magistrats qui se récusèrent, disant « qu'ils ne pouvoient plus demeurer en la ville ». De fait, ayant entendu parler de ces démarches, les émeutiers s'armèrent au nombre d'une centaine et déléguèrent au consistoire deux des leurs qui déclarèrent être prêts à « rompre la teste à la justice, au consistoire », si on voulait s'emparer de quelqu'un d'eux.

En même temps, les révoltés mettaient la ville en état de défense, s'emparaient des deniers de la caisse publique et refusaient de payer les impôts à l'archevêque. L'abbaye de Saint-André et les villages des alentours furent pillés [1]. Pour se faire aider, Jean Lesur fit appel au prédicant de Preumont, un cordelier « venu du pays de France ». Il institua aussi deux écolâtres ou maîtres d'école : Antoine Bouxin, ancien prêtre, et Jehan Le Vefvre. Dans l'église Saint-Martin, transformée en temple, furent baptisés vingt-sept enfants et neuf couples reçurent la bénédiction nuptiale.

L'archevêque essaya encore d'intervenir. Le 22 octobre, il envoya son secrétaire publier « un mandement touchant la paix publicque et la

---

[1] *Correspondance du cardinal de Granvelle,* t. II, p. 2, 3, 4.

religion ». Les protestants en empêchèrent la publication et se réunirent aux cris de : « Aux armes, tue, tue ! » Le secrétaire dut se sauver pour ne pas être massacré.

Il est assez difficile d'expliquer la conduite du châtelain et des échevins que nous avons vu refuser de pactiser avec l'émeute et qui, cependant, restèrent dans la ville. Ils s'abouchèrent avec les membres du consistoire et conclurent un accord ou appointement qui garantissait aux catholiques et protestants la liberté du culte et menaçait « d'estre pugnis comme rebelles et fracteurs de la paix et repos publicque », ceux qui attaqueraient les ministres des deux religions. Les amendes qui seraient infligées à cette occasion, devaient être appliquées au soulagement des pauvres et aux fortifications de la ville.

Revenu de la diète d'Augsbourg, l'archevêque avait résolu d'en finir avec les rebelles, d'autant plus qu'il voyait dans ces faits des entreprises de la France contre le Cambrésis. « Si Sa Majesté tarde de venir, écrivait-il à Philippe II, elle se trouvera dépossédée des pays de par deçà et elle en perdra la seigneurie ». Faute de troupes pour attaquer la ville, il dut supporter « la honte que c'est d'endurer une telle insolence d'une poignée de gens de deux ou trois cens personnes » et voir « gaster le plat pays tout allentour [1] ».

Toutefois, il ne désavoua pas formellement les

---

[1] *Correspondance du cardinal de Granvelle,* loc. cit.

actes des échevins, mais remplaça le châtelain, Claude de la Hamaïde, par Pierre de Montmorency, seigneur de la Malboutry. Ne pouvant pénétrer dans la ville, celui-ci tint la campagne avec quelques hommes d'armes aux environs, battant les bois et cherchant à s'emparer des messagers et des espions des rebelles. En ayant saisi quelques-uns à Câtillon, il fut poursuivi par les révoltés, contraint de prendre la fuite et l'un de ses hommes fut tué d'un coup d'arquebuse.

Le prélat ne pouvait supporter plus longtemps cette révolte. Marguerite de Parme lui fournit enfin les secours désirés. De Cambrai partirent deux cents hommes d'armes, commandés par le bailli du Cambrésis et le prévôt de la ville, Henry de Fory, accompagnés de plusieurs bourgeois [1]. Ils vinrent se joindre aux troupes du comte de Mansfeld, arrivé de Valenciennes. Attaquée le 24 mars 1567, la ville se rendit à discrétion le même jour. Une commission judiciaire fut immédiatement constituée pour rechercher et punir les rebelles. Dix-huit furent exécutés, cinq furent bannis dont trois après avoir été fustigés. L'archevêque fit grâce à douze des condamnés [2].

---

[1] Bibliothèque de Cambrai, ms. 659, p. 380.

[2] Cette répression a été diversement jugée. M. Le Glay appelle Maximilien « un prélat débonnaire ». Sans prétendre l'approuver, il est certain qu'étant données les mœurs et la justice de l'époque, la répression fut relativement douce. Nous nous étonnons de voir le savant conservateur des archives de Lille, M. Finot, écrire en parlant des actes de procédure conservés aux archives de Lille : « On peut dire qu'ils nous

Malgré cette sévère répression, les protestants se soulevèrent encore le 7 juin. Le bailli étant venu au Cateau avec des membres de l'officialité diocésaine, afin de transférer à Cambrai un prêtre qui s'était fait prédicant, fut chassé avec sa troupe, l'un des appariteurs fut battu et le prisonnier resta aux mains des Catésiens. Ceux-ci vinrent d'ailleurs bientôt à résipiscence et remirent à Montay, l'accusé aux agents de la justice après avoir obtenu la promesse qu'il serait traité avec modération.

Il était heureux pour l'archevêque d'avoir pu rétablir son autorité dans la cité. Un an plus tard, le 4 août 1568, le prince d'Orange qui avait pénétré dans le Hainaut afin de recevoir plus facilement les secours des huguenots français, essaya, avec l'aide du sieur de Genlis de s'emparer du Cateau et battit la ville à coups de canons. La place était commandée par le châtelain, Jean de Vorde, qui n'avait que cent hommes à opposer à cette

---

restent comme un des plus odieux monuments du fanatisme et de la cruauté de ce siècle de fer ». *(Inventaire*, p. 23). Il connaît pourtant la sévérité des lois d'alors, sévérité que le livre de M. BAUCHOND : *Le Magistrat de Valenciennes* (Paris, 1904, in-8o) ne fait que confirmer. Il ne faut pas oublier non plus que l'archevêque agit ici comme seigneur temporel contre des rebelles que l'avenir montrera tout prêts à pactiser avec l'étranger, chose qu'il avait déjà lieu de craindre à l'époque. Nous nous demandons aussi pourquoi M. Finot diminue l'acte de clémence de Maximilien en disant que les grâciés n'étaient que des jeunes gens de 18 à 20 ans ; dans la liste qu'il publie, trois seuls ont cet âge (p. 24, 25).

armée (1). Heureusement, Robert de Harchies, seigneur de Molain, capitaine au régiment de M. de Hierge, fut envoyé par le duc d'Albe avec quatre cents arquebusiers et réussit à forcer le siège (2).

Ce secours obligea le prince à lever le siège, et une procession annuelle commémora cet événement (3)· Le duc d'Albe vint lui-même au Cateau et y séjourna une vingtaine de jours. Quant à l'heureux capitaine, il reçut, en récompense, une somme de 600 livres pour une chaîne d'or « en reconnaissance du bon devoir et service par lui faits en cette circonstance (4) ». Le cardinal de Granvelle lui fit plus tard octroyer une pension viagère de 300 florins et il obtint, en 1572, le commandement d'un régiment wallon levé par Louis de Berlaymont (5). De son côté, l'archevêque récompensa la fidélité des magis-

---

(1) M. FINOT (Inventaire sommaire, p. 7) donne le nom d'un capitaine, le sire de Molleya, qui aurait commandé les troupes. Une lettre de Morillon adressée au cardinal de Granvelle (Correspondance, t. III, p. 402), ainsi que les Commentaires, de MENDOCA (t. I, p. 222, 223) attribuent tout l'honneur à Jean de Vorde ou de Wort. D'après le dernier, il n'y avait que 30 hommes de garnison et quelques bourgeois ; le châtelain arma alors les femmes et les fit aller aux remparts.

(2) Les chiffres varient. Mendoca dit deux cents, Morillon, quatre cents, le compte du receveur général, trois cents.

(3) Notes de dom Potier.

(4) A. D. B. 2602. Compte du receveur général des finances de janvier-juin 1570, fo 173ᵛ.

(5) Correspondance du cardinal de Granvelle, t. III, p. 402, 536. — MENDOCA. Commentaires, t. I, p. 223, 224, 300, 342.

trats en accordant à chacun une coupe d'argent de la valeur de 50 florins. Certains protestants ayant profité de cette attaque pour s'unir au prince d'Orange, l'un d'eux fut pris et exécuté [1].

Dès lors, il faut sans cesse se tenir en garde contre une nouvelle attaque, d'autant que les protestants demeurés au Cateau restent en relation avec la reine de Navarre [2]. En octobre, les bannis des Pays-Bas projettent de s'emparer de la ville. L'archevêque y tient une garnison de quatre-vingts hommes et cinq cents soldats sont prêts à aller la secourir [3]. Le 14 juillet 1572, trois mille cavaliers huguenots attaquent le Cateau sans pouvoir s'en emparer. Un corps de troupes envoyé par Louis de Berlaymont les force à se replier et leur fait un certain nombre de prisonniers [4]. En 1575, nouvelle crainte d'un siège [5].

La ville fut moins heureuse en 1581 [6]. Le duc d'Alençon, envoyé au secours des protestants des Pays-Bas, après avoir fait lever le siège de Cambrai par les troupes espagnoles, se tourna contre le Cateau où résidait l'archevêque. Après avoir battu la ville pendant treize jours et y avoir perdu plus

---

[1] Notes de dom Potier.

[2] Notes de dom Potier. Il faut bannir pour ce fait deux huguenots, le 28 septembre 1577.

[3] *Correspondance du cardinal de Granvelle*, t. III, p. 574.

[4] Ibid., t. IV, p. 329.

[5] Ibid., t. V, p. 565.

[6] FINOT *(Inventaire sommaire)* dit en septembre ; la capitulation fut signée le 31 août.

de cinq cents hommes en deux assauts [1], il l'emporta grâce à la division qui régnait entre les habitants qui voulaient se rendre et la garnison. De Vorde, qui commandait la place, obtint une capitulation autorisant la garnison à sortir en armes mais exigeant la remise des enseignes [2] et la promesse de ne pas servir pendant six mois [3]. Quant à la population, elle pouvait se retirer où bon lui semblait sinon accepter la domination du duc. Ceux qui avaient fui la ville ne pouvaient y rentrer (31 août) [4].

---

[1] *Correspondance du cardinal de Granvelle*, t. VIII, p. 398.

[2] La lettre de Morillon dit qu'ils pouvaient sortir avec enseignes déployées.

[3] Que le dit sieur Devordes, les gentils hommes et capitaines étant avec luy sortiroient avec chacun un cheval et leurs armes, permettant au dit sieur Devordes d'amener ses enfants malades et sa famille et tous ceulx qui sont blessés, dedans huit chariots.

Les soldats sortiront avec leurs armes et épées, le tambourin non sonnant, la mesche éteinte et seront les enseignes rendues et mises entre les mains de la dite Altesse par ceux qui les portent.

Fera sa dite Altesse conduire le sieur Devordes, les dits chariots, gentils hommes, capitaines et soldats au lieu de sureté en l'état qu'il est dit cy-dessus.

Promettront et jureront entre les mains de la dite Altesse le dit sieur Devordes, gentils hommes, capitaines et soldats de ne porter les armes contre Son Altesse durant le temps et espace de six mois.

[4] Et quant aux habitants de la dite ville, il est permis à ceulx qui en voudront sortir de le faire librement et sans qu'il leur soit fait aucun déplaisir, pour se retirer ou bon leur semblera dont à cette fin leur sera baillé passe-port et sauf conduit de la dite Altesse.

Les autres qui voudront demeurer en leurs maisons pour y

Mais la capitulation ne fut pas observée ; les
soldats furent dépouillés de leurs armes et bagages,
« nus jusqu'à la chemise », et la ville n'en fut pas
moins mise au pillage. Bien que la peste régnât dans
presque toutes les maisons, les femmes eurent à
subir les violences des soldats et il n'y eut guère
que les églises qui purent fournir un asile (1). Si
nous en croyons Morillon, les prêtres durent aban-

---

vivre dorénavant sous son obéissance et protection aux conditions du traité fait avec Son Altesse par Messieurs du clergé,
nobles, peuple et habitans de Cambray et pays de Cambrésis y
seront favorablement reçus, traités et favorisés. Pour cet effet,
ils presteront serment entre les mains de Son Altesse tel et si
convenable qu'au cas appartient.

Et quant aux autres absous auparavant le siège, et qui se sont
retirés à l'occasion d'yceluy en autre ville que celle de Cambray
et ceux qui maintenant se voudront retirer et sortir de leurs
maisons, demeureront tous leurs biens tant meubles qu'immeubles acquis et confisqués à la dite Altesse pour d'yceux disposer
à sa volonté.

Les articles et capitulations cy-dessus Sa dite Altesse a eu
pour très agréables et iceux promet entretenir et garder de
points en points selon sa forme et teneur et lesquels, pour seureté
de ce, elle a voulu signer de sa main et commandé iceulx contre
signés par moy conseiller et secrétaire de ses finances et
commendemens.

Au camp de la dite Altesse estant devant Le Chasteau en
Cambresis, le dernier jour d'aoust Mil V^e quatre-vingt-un.

SUBSIGNATUM ERAT FRANÇOIS ET INFERIUS LEPIN.

Notes de dom Potier, d'après une copie ancienne qui se
trouvait aux archives de Saint-André, côtée 101.

(1) Voir, à ce sujet, le tableau très vivant que trace Sully
dans ses mémoires.

donner la ville et trois d'entre eux furent pendus. L'église Notre-Dame fut fermée [1]. Les bourgeois furent chassés et se dispersèrent « chi et là comme mieux leur avoit été possible ». Les livres et papiers de la ville et de l'abbaye furent enlevés [2].

Pour protéger sa nouvelle conquête, le duc y fit d'abord entrer deux régiments d'infanterie, puis les remplaça par les gens du sire d'Inchy qui lui avait livré Cambrai et l'avait aidé dans le siège du Cateau. Le commandement de la place fut donné au frère de cet aventurier, Charles de Gavre, seigneur de Fresin. Tous deux se signalèrent par les derniers excès. Ce fut au retour d'une beuverie, à la suite de la pendaison de quelques soldats, que le sire d'Inchy fut tué [3].

L'occupation française ne dura qu'un an. Menacé par le duc de Parme, le capitaine Soalds qui y commandait deux cents Français se rendit à discrétion, et ce fut en vain que la garnison de Cambrai essaya de reprendre la place. La pluie et le mauvais temps la forcèrent à se retirer [4].

Les troubles de ces guerres, le manque de vivres et leur cherté n'en persistèrent pas moins. Le magistrat fut obligé de faire des emprunts afin d'assurer les services publics. Comme partout à cette époque, les bourgeois furent rendus responsables de

---

[1] Elle ne fut rouverte qu'en 1626.

[2] Enquête de 1609.

[3] *Correspondance du cardinal de Granvelle,* t. IX, p. 11.

[4] Précis historique et statistique, etc.

ces dettes. Or, « pour la povreté, ruyne et désolation d'icelle », la ville ne pouvant s'acquitter, ils étaient « menassez journellement par leurs créditeurs de les faire arrester en corps et biens ». Le roi d'Espagne dut leur accorder des saufs-conduits pour leur permettre de commercer dans ses états [1].

Cinquante ans de paix suivirent ces désastres. Les archevêques devaient d'ailleurs apporter tous leurs soins à garder cette ville qui était leur dernière ressource depuis que le marquis de Fuentès s'était emparé de Cambrai [2]. En 1626, l'archevêque Vanderburch autorise le magistrat à lever un impôt sur la bière et le vin, afin de faire face aux dépenses nécessitées par les fortifications [3]. Malheureusement, la guerre de Trente Ans allait, elle aussi, apporter son contingent de ruines et de larmes. Situé à la frontière des deux états belligérants, sur cette route de la Picardie qui allait être le continuel champ de bataille, le Cateau fut aussi maltraité que le Vermandois et la Champagne, et le pinceau de Callot y eut trouvé également matière à s'exercer [4]. En vain le prélat chercha à maintenir sa neutralité. Richelieu s'engagea à la reconnaître si elle l'était par l'Espagne, mais la cour de Bruxelles ne voulut pas se rendre

---

(1) Archives du Cateau, AA 4.

(2) Sur cette occupation, voir Bibliothèque vaticane, ms. lat. 589, f⁰ˢ 36 à 73.

(3) Notes de dom Potier.

(4) Sur les ravages de la guerre de Trente Ans, voir FEUILLET. *La misère au temps de la Fronde* (Paris, 1876, in-8°).

aux raisons que l'archevêque fit développer par son maître d'hôtel.

Comme il le faisait remarquer, la ville, mal fortifiée, entourée de hauteur, ne pouvait être défendue et la garnison suffisait toutefois à empêcher une surprise. Sa neutralité devait au contraire favoriser le passage des vivres dans les Pays-Bas. Sans lui répondre par un refus catégorique, on fit traîner les choses en longueur. Fidèle pourtant à sa neutralité, Vanderburch fut au moins assez heureux pour empêcher le marquis de Fuentès de dresser la liste des habitants du Cateau en état de porter les armes.

Cette opération faite par le châtelain de l'archevêque, M. de Rouville, permit au prélat de constater la présence de huits cents fantassins armés de fusils et d'arquebuses et de plus de quatre-vingt cavaliers montés, armés, eux aussi, de carabines et de pistolets. L'archevêque leur adjoignit une compagnie de mousquetaires. Mis une première fois à rançon par les Français conduits par le marquis de Rambures qui, au moins, n'attaqua pas la ville, le Cateau se vit, en 1636, malgré de nouvelles démarches du prélat, imposer une garnison espagnole sous le commandement d'un capitaine nommé Gonzalès. Ce fait décida l'archevêque à licencier ses mousquetaires et attira sur la cité le fléau de la guerre (1).

En juillet 1637, le duc de Candale vint y mettre le siège et, après trois jours de bombardement,

---

(1) Précis historique et statistique, etc.

s'empara de la ville. Abandonnant leurs biens, les habitants, ainsi que ceux de la châtellenie, se retirèrent avec les troupes sur les terres soumises à l'Espagne et principalement à Landrecies qui, elle-même, fut prise par le cardinal La Valette. Mise d'abord sous le gouvernement de M. de Cantoux, la place eut à subir un nouveau siège du comte de Fuensaldagne, gouverneur de Cambrai, qui s'était vanté de l'enlever, non pour la rendre au prélat, mais pour la remettre au roi d'Espagne. Le mauvais temps fit échouer cette entreprise.

Cette fois encore, l'occupation française fut désastreuse. Les officiers du prélat ne pouvaient rentrer dans la ville et soldats et habitants des pays voisins, « appauvris et ruinés », dévastaient les environs. Enfin, en septembre 1642, le Cateau fut complètement détruit « tant par ce qui touche les remparts que les églises, monastères et maisons, commandant lors à l'armée qui a fait ce bel exploit, le comte de Harcourt, qui, pendant cette destruction, estoit campé ès voisinage dudit Chastel [1] ».

Jusqu'en 1644, la localité resta déserte, car les habitants qui s'étaient réfugiés à Landrecies furent empêchés par le gouverneur de ce lieu de rentrer au Cateau. Nous ne trouvons aucun acte de juridiction des échevins pendant cette période [2] et les registres d'état-civil manquent également [3]. Ce ne fut qu'à la

---

[1] Bibliothèque de Cambrai, ms. 885, p.
[2] Voir Archives du Cateau, FF.
[3] Ibid. GG.

fin de 1644 que certains purent revenir moyennant paiement. Le repeuplement se fit cependant bien lentement, car les moulins ne furent rétablis qu'en 1661. Les baux que nous ont conservés les archives montrent que les terres de la châtellenie étaient louées près de deux tiers moins cher que dans le reste du Cambrésis. Les recettes de la ville qui, en 1631, se montaient à 20.255 livres, 12 sous, 11 deniers, n'atteignaient plus, en 1665, que 1.799 livres, 13 sols, 16 deniers [1]. Une seule paroisse fut rétablie au Cateau.

Le traité de Nimègue rattacha le Cateau à la France, tout en sauvegardant les droits de l'archevêque. Le 19 février 1679, en vertu d'une ordonnance du 16 janvier commettant l'archevêque de Cambrai pour recevoir le serment de fidélité au roi de France, l'abbé et les religieux de Saint-André [2], le curé de Notre-Dame [3] et les récollets [4] prêtèrent ce serment aux mains de Monseigneur de Bryas. Il n'en fut pas de même à l'hôtel de ville où étaient réunis le châtelain et les échevins du Cateau, le mayeur et les deux échevins des villages d'Or, Castillion, Basuel, Montay, Reumont, Mauroir. Lorsque le prélat réclama le serment, le greffier protesta que toujours les

---

[1] Ibid. CC 5, 6.

[2] Dom Anselme Meurin, abbé ; dom Placide Masqueslier, prieur ; dom Bernard Henne, sous-prieur ; dom Ildephonse Dujardin et dom Charles Desmarets.

[3] Jean Manesse.

[4] Toussaint Joubert, gardien ; Barnabé Saladin, vicaire ; Vincent Le Moine, Jean Capistran-Colart.

habitants de la châtellenie n'avaient juré fidélité qu'aux évêques ou archevêques de Cambrai « et que ledit Chasteau n'avoit aulcune dépendance du Cambrésis ». L'archevêque ayant répondu « que luy laiant fait ès mains propres de Sa Majesté, ils estoient obligez d'entrer dans le mesme debvoir, nonobstant que ledit Chasteau nat aulcune dépendance du Cambrésis, puisque cette prestation ne leur procureroit une subjection du Cambrésis, attendu que Sa Majesté luy en avoit donné la commission pour le recepvoir séparément des estats du Cambrésis ». Ce ne fut que sous ces assurances que les magistrats prêtèrent le serment exigé [1]. Nous donnons ce document qui consacrait la réunion du Cateau à la France : « Nous jurons et promettons sur les saintes Evangilles tant pour nous que pour nostre communaulté, suppots et vassaux, d'estre fidéles au roy de France Louys quatorze et les aultres roys de France ses successeurs légitimes et, au cas que nous apprenions quelque chose contre son service, nous promettons d'en advertir Monseigneur l'Archevesque de Cambray et en son absence celuy ou ceux qui le représentent sans pouvoir nous en exempter soubs quelque prétexte que ce soit. En foy de quoy avons signé les présentes audit Chasteau Cambrésis en Chastel de ville les jour et an que dessus et estoient ainsy soubsignez :

« E. de Fiennes Alambin, J. Denis, Sébastien Golez,

---

[1] Archives du Cateau. Registre aux délibérations du magistrat, f° 41.

A. Bruneau, E. Lenne, Robert Solemf, Nicolas de Resme, F. Lesne, Pierre Druesnes, Antoine Lobien, Charle Saladin ;

« Et comme mayeur et eschevins de Castillion : Charles Fierquin, Jacque Debruière, et Jean Lasne et Charles Lasnes ;

« Comme mayeur et eschevins d'Or : Charles Hautcœur, Anthoine Richart, marque de Jean Lumbois ;

« Comme mayeur et eschevins de Bazuiau : Gérard Lengrand, Charle Soufflet, Christophe Bauduin ;

« Comme mayeur et eschevins de Reumon, Monroy : Pierre Lengrand, marcque de Cornil Vitau, marcque de Charles Lengrand ;

« Comme mayeur et eschevins de Montay : Pierre Coiet, Michel de Nimal, Estienne Dieu. »

Si le dicton « les peuples heureux n'ont pas d'histoire » est vrai, la ville fut heureuse sous ce régime. Le mouvement d'immigration qui s'était marqué depuis 1661 prit dès lors une plus grande importance, comme nous l'atteste la liste des bourgeois reçus. On y trouve des Italiens, des Languedociens, des Allemands, mais surtout de nombreux habitants des villages du Cambrésis [1].

Jusqu'en 1789, la ville n'eut à enregistrer que le passage de l'armée de Marlborough et de celle de Villars, le vainqueur de Denain.

---

[1] Archives du Cateau. Registre aux délibérations, f·s 5 ᵛ, 9 ᵛ, 15 ᵛ, 20 ᵛ, 21, 24 ᵛ, 33, 34.

La démolition des remparts exigée par le comte d'Harcourt ne permettait plus, d'ailleurs, d'attacher d'importance à la possession de cette place, car ils ne furent rétablis qu'en partie en 1689 [1]. Les habitants n'eurent plus qu'à se défendre contre les prétentions des traitants, et ils furent aidés dans cette tâche par les archevêques. Après tant de ruines, d'incendies et de deuils, un peu de repos était bien dû à la malheureuse cité.

----

[1] Voir Archives du Cateau, DD 2.

ADMINISTRATION DU CATEAU
DANS LES TEMPS MODERNES

Comme au Moyen Age, la ville du Cateau reste soumise à l'autorité des évêques, puis des archevêques de Cambrai [1], alors que cette dernière ville est soustraite à leur souveraineté. Philippe II en reconnaît implicitement la neutralité et l'indépendance lorsqu'en 1586, il permet aux habitants de commercer avec les villes de son obéissance. C'est en vain qu'en 1640, les Espagnols offrirent à l'archevêque de lui donner en échange le comté d'Alost et la terre de Lessines qui étaient d'un grand revenu, ils durent reconnaître que la châtellenie n'était soumise à aucun impôt [2]. Un arrêt du Conseil privé de Bruxelles déclara les habitants du Cateau et de la châtellenie non assujettis aux impôts établis par les états du Cambrésis pour le compte des Espagnols [3]. En 1664, les habitants peuveut invoquer cette

---

[1] L'évêché avait été transformé en archevêché en 1559.
[2] Mémoire de Fénelon à M. de Chamillard. A. D. F. d. C.
[3] 16 mai 1460.

neutralité auprès de Louis XIV en lui demandant de les protéger et, de fait, celui-ci les « maintint dez lors en leurs droits, franchises, coutumes, privilèges et libertés » par des lettres patentes signées de sa propre main (1). Après le traité de Nimègue, qui attribua à la France Cambrai et le Cambrésis, cette indépendance est encore reconnue. En 1697, Le Pelletier écrit à Fénelon : « Pour le Cateau-Cambrésis, j'ai fait dans tous les tems, même avant que vous n'eussiez l'archevêché de Cambrai, tout ce qui a dépendu de moi pour maintenir les droits de l'archevêché sur la ville et châtellenie du Cateau-Cambrésis (2) ».

Ce n'est pas que les traitants ne veuillent accaparer ce pays, mais à la cour même on en défend l'indépendance. Les rapports des intendants Faultrier et Dugué de Bagnols (3) sont très affirmatifs sur ce point.

Rien ne nous montre mieux ce qu'était cette indépendance du Cateau que la requête présentée au roi en 1765 par Mgr de Choiseul et le chapitre métropolitain, aussi la citerons-nous en entier : « A l'égard du Cateau-Cambrésis, comme les habitants ne s'estoient jamais donnés aux Espagnols, comme les archevêques de Cambrai n'avoient jamais cessé d'y exercer tous les droits de la puissance publique

---

(1) Archives du Cateau, AA 4. Mémoire concernant les auteurs, etc.

(2) Précis historique et statistique, etc.

(3) *Bulletin de la Commission historique du département du Nord,* t. x. *Mémoire de Dugué de Bagnols,* p. 450 et suivantes.

qui appartenoient aux possesseurs des fiefs de l'Empire, le roi d'Espagne n'avoit prétendu dans aucun temps en être le souverain, Le Cateau étoit donc resté dans son ancien état, ne connaissant de maître que l'archevêque de Cambrai et n'ayant de relation avec l'empereur que dans les cas de la mouvance et du ressort... Cette petite ville ne fut prise ni par l'armée française, ni cédée par le traité de Nimègue ; elle conserva ses lois, ses usages et sa liberté... Si donc le Cateau fut regardé depuis le traité de Nimègue, non comme une partie, mais comme une dépendance du royaume de France, ce fut en vertu de la protection que Louis XIV lui avoit promise en prenant ce petit État sous sa sauvegarde par des lettres patentes de 1664, accordées aux archevêques de Cambrai dans un temps où l'Espagne possédoit tout le reste de leur État; mais ces lettres patentes mêmes avoient reconnu et confirmé tous les droits, privilèges, coutumes et libertés de ce pays. Aussi, depuis le traité de Nimègue, les traitants tentèrent en vain de conquérir pour eux un État dont le Roi n'avait point fait la conquête. Les intendants des provinces de Flandre et du Hainaut essayèrent aussi inutilement de le soumettre à l'administration française. Sa Majesté a, dans tous les temps, eu la bonté de reconnaître que le Cateau-Cambraisis devait conserver sa liberté et ses privilèges et que les archevêques de Cambrai n'avoient jamais perdu l'exercice d'une puissance publique qui ne peut admettre de concurrence. Peu de temps après la paix de Nimègue, les officiers de la maîtrise des

Eaux et Forêts voulurent étendre leur juridiction sur les bois de la châtellenie du Cateau ; l'archevêque, qui étoit le sieur de Brias, eut recours à Sa Majesté et les bois furent jugés indépendants de la justice de la maîtrise et de l'ordonnance françoise des Eaux et Forêts. En 1672, le roi créa en Flandre de nouveaux offices : les traitans qui étoient chargés de les vendre voulurent porter cet établissement dans la châtellenie du Cateau ; l'archevêque de Brias protesta contre cette innovation [1] ».

Avant même sa prise de possession, Fénelon dut s'employer à la cour pour assurer le maintien des privilèges du corps municipal. « J'ai une double joie, écrivait-il de Versailles au châtelain et aux échevins, de recevoir des marques d'honnêteté de votre part et de pouvoir vous assurer que le roi vous conserve dans la possession de vos franchises. M. de Pontchartrain m'a promis d'imposer, à cet égard, silence aux traitans. Rien ne pouvait me faire plus de plaisir que d'avoir, immédiatement après ma nomination, cette occasion de m'attirer votre amitié et de vous persuader de la mienne. Je souhaite de tout mon cœur, Messieurs, de pouvoir vous témoigner par des services plus importans avec quelle sincérité de cœur je veux être tout à vous [2] ».

---

[1] *Mémoire pour Mgr de Choiseul*, p. 294 et 295. *Requêtes présentées au Roi par Mgr l'archevêque de Cambrai et par le chapitre de cette église en 1765.*

[2] A. D., F. d. C. Voir aussi BRUYELLE. *Précis sur le Cateau-Cambrésis*, dans les *Mémoires de la Société d'Emulation de Cambrai*, 1re série, t, XIX, p. 449, 450.

Ce fut avec le même zèle qu'intervint le cardinal de La Trémouille, mais la question ne fut définitivement tranchée que sous l'épiscopat du cardinal Dubois, premier ministre. Grâce à sa vigoureuse défense, il obtint, le 30 mai 1723, des lettres patentes déclarant que le Cateau et la châtellenie qui en dépendait, « étaient et demeureraient à perpétuité exempts et libres de tous droits et offices royaux, mis et à mettre, créés et à créer sous quelque prétexte et pour quelque cause que ce puisse être, prévue et imprévue et en toutes sortes de cas, voulant que ledit pays fût régi comme par le passé, seulement par ledit cardinal et ses successeurs audit archevêché de Cambrai ». Le Parlement de Flandre refusa d'enregistrer ces lettres qui furent transcrites secrètement au registre du greffe des échevins au Cateau [1].

On peut donc dire avec justice que, jusqu'en 1790, la châtellenie du Cateau forma presque une principauté souveraine, indépendante du royaume ; en tous cas, une enclave en dehors des attributions administratives de l'intendant. Elle n'était pas soumise à la maltôte, ni à quelques autres impositions. Toutefois, elle eut à concourir au paiement de la capitation et des vingtièmes qu'acquittait le Cambrésis, mais elle garda un bureau particulier. Ce ne fut qu'en 1766 que les agents du fisc parvinrent à établir un receveur royal au Cateau. La capitation rapportait,

---

[1] Archives du Cateau, AA 1. Sur tout ce sujet, voir FINOT. *Inventaire sommaire*, p. 8 à 12.

en 1702, 4.129 florins, 16 partars [1]. Celui des vingtièmes produisait, en 1760, 7.286 livres, 6 sols [2]. Enfin, comme dernière manifestation de leur souveraineté, les archevêques homologuaient les ordonnances royales, et ce n'était qu'après cette formalité qu'étaient exécutoires les dispositions en matière de police et de finance. Il est vrai, comme le fait remarquer M. Finot, qu'ils n'ont jamais refusé ce visa, afin de ne pas provoquer un conflit dont l'issue n'eut pas été à leur avantage.

Dans les temps modernes, comme au Moyen Age, les archevêques avaient gardé le droit de nommer à tous les emplois de la ville. Leur principal représentant était le châtelain. Cet officier pourvoyait aux mesures de défense et de sûreté au point de vue militaire et de police générale, maintenait les droits et prérogatives des archevêques et veillait à la bonne perception des impôts et redevances. Pour remplir cette dernière partie de sa charge, le receveur qui percevait ces impôts était placé sous ses ordres [3]. La liste que nous publions en appendice montrera que la plupart de ces officiers étaient de grande famille. Outre le titre de châtelain du Cateau, ils portaient, au XVIIe siècle, ceux de bailli de la cour l'évêque, de Montay et des bois de l'archevêché,

---

[1] Archives du Cateau, CC 1. Le Dr CLOEZ. *Essai historique*, p. 6, dit que la capitation ne fut établie qu'en 1766, malgré les énergiques protestations de Mgr de Choiseul.

[2] Ibid., CC 2.

[3] Archives du Cateau, BB 1.

prévôt de Solesmes et garde des chasses. Leur traitement variait de 400 à 475 florins. En 1778, le marquis de Prunarède en touchait 475, mais avec les gratifications, cordes de bois et rétributions diverses, les gages s'élevaient en réalité à 2.417 florins, plus 125 mencauds de blé et 29 mencauds d'avoine[1]. La réception du châtelain se faisait en grande pompe. Pour celle de M. du Barlet, en 1700, les serments des arquebusiers, des arbalétriers et la compagnie de la jeunesse sortirent « bien avant sur la campagne au devant dudit sieur chastelain et de la dite dame ». Le roi des arquebusiers leur adressa un compliment et ils firent leur entrée au bruit des décharges de mousqueterie. Le magistrat vint ensuite féliciter le nouveau châtelain dans sa maison et lui offrit six cannes de vin [2].

Inutile de dire que ces gros personnages tenaient beaucoup à leurs prérogatives. Nous n'en donnerons pour preuve que la lettre adressée, en 1727, par le duc de Castres à l'archevêque, Mgr de Saint-Albin, au sujet d'un manque d'égards dont il aurait été victime de la part du clergé de la paroisse Saint-Martin, pendant le *Te Deum* chanté à l'occasion de l'heureux accouchement de la reine [3].

A côté du châtelain, formant le corps de ville, se

---

[1] FINOT. *Inventaire sommaire,* p. 16.

[2] Archives du Cateau. Délibérations du magistrat, f° 98.

[3] « Le curé de Saint-Martin m'estant venu inviter chez moi à un *Te Deum* que Vostre Altesse luy a ordonné de chanter en actions de grâces de l'heureux accouchement de la Reine, je m'y suis rendu aujourd'hui à la teste du Magistrat en la manière

trouvaient les échevins, nommés aussi par le prélat ou le châtelain. Si nous nous en rapportons à la nomination faite en 1756 par Mgr de Saint-Albin, il semble que les archevêques aient cherché alors à appeler successivement les bourgeois les plus notables pour exercer l'échevinat [1]. Il n'en avait pas toujours été

---

accoustumée, et estant arrivé au chœur, j'ay veu avec étonnement que la place que j'ay toujours occupée dans cette église, comme ont fait tous mes prédécesseurs, estoit remplie par le vicaire, le petit clerc et un artisan de la ville qui se mesle de chanter sans surplis. Je vous avoue, Monseigneur, que si j'avois esté dans tout autre endroit que dans un lieu sainct et que j'eusse eu à faire à d'autres gens qu'à des prêtres, je me serois vengé sur le champ, et sans vous interrompre, d'un affront qui a scandalisé toute la paroisse. Ce procédé, Monseigneur, est d'autant plus bizarre et j'ose dire insolent, que le vicaire estoit assis sur le prie-Dieu destiné pour le châtelain et dont je me suis servi plus de cent fois depuis que je suis en cette ville. » — Archives du Cateau, BB 1.

[1] « Charles par la grâce de Dieu, etc., étant juste et raisonnable de partager le travail et les emplois entre les notables bourgeois de notre ville du Châtel ainsi que les honneurs et de les appeler successivement au gouvernement des affaires de ladite ville et à l'honorable fonction de rendre justice à nos sujets, nous avons chargé M. Durand, intendant général de nos maisons et affaires, de remercier pour nous et en notre nom les sieurs Deulin, Pamart, Anselin, Durand, Deudon et Decesne, des services qu'ils nous ont rendus et à notre dite ville du Châtel en qualité d'eschevins de ladite ville, et avons, à leur place, commis et nommé, commettons et nommons par ces présentes audit état et offices d'eschevins de notre dite ville du Châtel, dans l'ordre suivant : les sieurs Jean-Martin Piettre, Armand-Joseph Denise, Jean-François Lecerf, François Hennecaut, Hilarion Deulin, Nicolas Druon et Louis-Etienne Lenne ; les exhortons et enjoignons de vacquer chacun en droit soi, avec diligence et fidélité aux fonctions et à leurs dits offices et états, sans y contrevenir en façon quelconque. » — Archives du Cateau, BB 2.

ainsi et, au XVIIᵉ siècle, ce sont presque constamment
les mêmes noms qui reviennent. Les Bruneau,
Clément Doudon, Gallet, Piérart, Lenne. Sal et Denis
formaient une sorte d'aristocratie municipale (1). Au
nombre de sept et révocables à la volonté du prélat,
ils étaient installés soit par l'évêque, le châtelain ou
l'intendant, après avoir prêté le serment accoutumé qui comportait une profession de foi catholique (2). Leur nomination avait ordinairement lieu
en septembre. Ils conservaient l'ordre établi par
l'archevêque et, en cas d'absence du châtelain, c'était
le premier échevin qui le remplissait.

La juridiction de ceux-ci n'a pas changé, mais
l'appel de leurs sentences, d'abord dévolu aux seuls
échevins de Cambrai, ressortit, depuis les ducs de
Bourgogne, du Grand Conseil de Malines (3) et,

---

(1) Voir le registre des délibérations du Conseil.

(2) Voici le texte de ce serment, d'après le formulaire de
l'archevêque Van der Burch : « Vous, N..., jurez Dieu vostre
Créateur, sur vostre part de paradis et la damnation de vostre
âme, que vous croyez tout ce que l'Eglise catholique, apostolique et romaine croit, que vous serez bons et fidèles sujets de
Mgr Excellentissime Archevêque et ducq de Cambray, vostre
prince, que vous garderez les droits des pupilles et des orphelins
et des femmes vefves, des bourgeois et des étrangers, et que
vous soutiendrez selon vostre pouvoir les causes d'iceux, et que
vous garderez le secret de la chambre et qu'observerez et ferez
observer les ordonnances de mondit seigneur, vostre prince, le
tout sans forfaitures ni dissimulation. Ainsi, Dieu vous aide et
tous les saints ». Ce serment était prêté, non seulement à l'entrée
d'un nouvel archevêque, mais par chaque échevin récemment
nommé.

(3) Voir LAMEERE. *Le grand Conseil des ducs de Bourgogne de la
maison de Valois.* (Bruxelles, 1900, in-8°).

depuis la conquête française, du Parlement de Flandre dont les arrêts se trouvent dans la série FF des archives municipales. Il est à remarquer d'ailleurs que, même dans ce cas, l'exécution est renvoyée aux échevins [1]. Il est fait mention de fourches patibulaires au Cateau [2], mais nous ne savons où elles se trouvaient.

La ville n'avait pas de coutumes particulières et les échevins jugeaient d'après la coutume générale du Cambrésis. Cette coutume, déjà rédigée sous Henri de Berghes et Jacques de Croy, fut homologuée en 1574 par Mgr de Berlaymont et imprimée à Douai. Convoqués à l'assemblée des trois états chargés de discuter la rédaction, les officiers du Cateau et les représentants de l'abbaye [3] refusèrent d'opiner et déclarèrent être venus « non pour résoudre ou faire partie du corps, mais pour voir et entendre s'il ne se passait rien à leur préjudice ». Plus tard cependant, en 1766, les membres des trois ordres du Cateau firent partie de ces États. Un arrêt de 1786 y attribuait une voix à l'abbé de Saint-André pour le clergé, les trois autres appartenant l'une à l'archevêque, l'autre aux abbés de Saint-Aubert, du Saint-Sépulcre, de Vaucelles [4] et de Cantimpré ; la troisième, aux trois

---

[1] Archives du Cateau, FF 1, en 1763.

[2] Ibid.

[3] Antoine de La Motte, abbé de Saint-André ; Martin Rivart, bailli, et Nicolas Lombart, receveur du monastère ; Hubert Laurent, Jean Vallines, Adrien Leduc, échevins du Cateau ; Jean Roger, leur greffier. — Notes de dom Potier.

[4] Comme ordre de préséance, l'abbé de Saint-André était placé entre ceux de Vaucelles et de Cantimpré.

chapitres de la ville épiscopale. Le châtelain, qui faisait auparavant partie de droit de l'assemblée du clergé, devait désormais fournir ses preuves de noblesse. Le premier échevin du Cateau ou, à son défaut, le second, représentait le tiers-état. Le premier échevin faisait également partie du bureau permanent [1].

Outre la juridiction civile et criminelle, les échevins, comme les notaires ecclésiastiques et royaux, pouvaient recevoir tous les contrats que passaient les particuliers entre eux. Mais le 6 décembre 1681, un règlement porta que l'on ne recevrait plus au *ferme* de la ville que les lettres signées de deux échevins et que ces lettres ne seraient non plus reçues après un an, sauf recort ou constatation faite par l'échevinage [2]. Les registres de ces actes, conservés aux archives municipales, ne remontent malheureusement pas au-delà de 1509. Pour exercer ces juridictions criminelles ou gracieuses, le corps municipal désignait à tour de rôle deux échevins qui prenaient le titre de sepmainniers ou d'échevins de la semaine [3]. Pour la juridiction gracieuse, la présence du mayeur était requise.

Les échevins avaient à s'occuper des conditions de la voirie. C'est à leur prière et à celle des habitants qu'en 1724, Mgr de Saint-Albin rendit une ordon-

---

[1] LEGRAND. *Sénac de Meilhan et l'intendance du Hainaut et du Cambrésis sous Louis XVI*. (Paris, 1868, in-8º), p. 145.

[2] Archives du Cateau. Registre aux délibérations, fº 51ᵛ.

[3] FINOT. *Inventaire sommaire*, FF 7, 10.

nance en vertu de laquelle « les habitants qui avaient des maisons, bâtimens et édifices couverts en pailles étaient tenus de les faire découvrir et recouvrir en tuilles ou ardoises ». A faute de ce et le délai d'un an étant passé, les châtelain et échevins devaient les faire découvrir et recouvrir aux frais des propriétaires. Le magistrat était autorisé à fournir aux pauvres l'argent nécessaire moyennant un intérêt de trois pour cent. Toute infraction à cet arrêt devait être, dans la suite, punie d'une amende de cinquante livres [1]. De même, nous voyons en 1727, le corps échevinal décider que les propriétaires ou locataires « balayeront ou feront balayer devant leur maison et héritage jusque moitié de la rue et mettre chacun les boues en monceau avec leur voisin au millieu des rues trois fois chacques semaines, scavoir le mardy, jeudy et samedy une heure après midy desdits jours, à peine de quinze pattards d'amende pour laquelle les défaillans seront exécutés deux heures après, sans autres formalités de justice [2] ».

Les échevins avaient aussi le commandement des milices bourgeoises. D'après les détails que nous a donnés dom Potier, elles semblent avoir été assez fortement organisées. La plus puissante était celle des arbalétriers, aux membres de laquelle l'évêque Charles de Croy accorda, en 1510, le privilège de ne pouvoir être poursuivis si, dans leurs exercices, ils tuaient ou blessaient une personne par « meschief et

---

[1] Archives du Cateau, BB 1.
[2] Archives du Cateau, FF 144, p. 62.

cas de fortune [1] ». A leur tête se trouvaient un roi, un prévôt et des connétables. A la suite de la destruction de la ville, en 1642, ils revendiquèrent un terrain situé près la porte Belle, mais en 1705 (13 juin), un compromis intervint et ils s'établirent près du rempart de la porte Saint-Martin [2]. Ils avaient droit à une indemnité de la ville pour « avoir tiré l'oiselet » et touchent de ce fait 4 florins, 8 patards en 1731 [3]. A cette compagnie, s'ajoutaient la jeunesse et les serments des arquebusiers et des bons vouloirs [4].

Après les luttes du XVIe et du XVIIe siècle, elles n'eurent plus d'autre rôle que d'assurer le guet et de servir de troupes de parade lors de l'entrée de l'abbé, de l'archevêque et des grands personnages, ce qui est prétexte à des distributions de vin faites par la ville [5]. Si nous nous en rapportons au docteur Cloez, lors de l'entrée de Mgr de Saint-Albin, en 1736, la jeunesse et les bons vouloirs reçurent les plus beaux drapeaux qu'il y eut en France [6]. Parfois aussi elles doivent rétablir l'ordre lorsque quelque mouvement survient. C'est ce qui arriva en 1757. Une émeute ayant éclaté à cause de la cherté des blés, l'archevêque de Choiseul fit

----

[1] Pièce justificative.

[2] Archives du Cateau. Registre aux délibérations, f° 106ᵛ.

[3] Archives du Cateau, CC 24.

[4] Notes de dom Potier.

[5] En 1741, les officiers de la jeunesse reçoivent six pots de vin lors du passage du duc de Chartres. Archives du Cateau, CC 25.

[6] *Etude historique*, p. 56.

établir par les compagnies bourgeoises des gardes de quatre hommes à chaque porte de la ville et de dix hommes à l'Hôtel de Ville (1). D'après un acte de 1778 où l'on accorde à un étranger le droit de s'établir et de commercer au Cateau, il semble que tous les habitants étaient sujets « aux guets, garde et défense de ladite ville toutes les fois que le cas le requerra (2) ».

Nous voyons de même la ville s'occuper des fortifications et, en 1738, elle céda à l'abbaye une partie du rempart, à charge par les religieux de démolir la porte de Landrecies pour en rebâtir une autre sur le modèle de celle de Cambrai. Ils devaient, de plus, construire une muraille dont les soubassements devaient être faits en grès jusqu'à quatre pieds de hauteur (3).

C'était aux échevins aussi qu'il appartenait de demander l'autorisation pour lever les octrois ou maltôtes, ce qui occasionnait parfois des difficultés avec les bourgeois, comme en 1719, où dut intervenir Amand Daugier, archidiacre, administrateur général de S. E. le cardinal de La Trémouille (4). Cet octroi portait ordinairement sur le vin et la bière, plus tard sur les eaux-de-vie. Toutefois, en 1756, l'archevêque autorisa les échevins à lever un impôt sur le cidre (5).

---

(1) Archives du Cateau, BB 3, f° 217.
(2) Archives du Cateau.
(3) Archives du Cateau.
(4) Archives du Cateau, BB 1.
(5) Ibid., CC 16.

En 1777, l'octroi sur la bière était affermé 6.400 florins, celui du vin 580 florins, celui de l'eau-de-vie 1.300 florins [1]. Si nous observons qu'en 1778 la population du Cateau s'élevait à 4.840 habitants, comprenant 1.270 chefs de famille et 35 domestiques [2], on voit que l'on peut fixer à 1 florin la taxe perçue par tête de famille pour la consommation de l'eau-de-vie [3]. La ville percevait aussi des droits sur le sel et le tabac [4].

« Par les comptes du domaine de la ville dont la série est presque complète de 1630 à 1790, on voit que dans les années 1622-1631, les recettes se sont élevées à la somme de 20.255 livres, 12 sols, 11 deniers et les dépenses à celle de 15.645 livres, 13 sols, 8 deniers. En 1685, la recette est de 22.107 livres, 6 sols, 2 deniers; la dépense, de 26.001 livres, 19 sols, 4 deniers ; en 1745, la recette égale 16.506 florins, 14 patars, 5 deniers; la dépense est de 12.333 florins, 15 patars, 18 deniers ; en 1789, recette : 22.723 florins, 5 patars, 14 deniers; dépense : 7.289 florins, 5 patars, 5 deniers [5] ».

Bref, et nous le verrons encore au chapitre suivant pour ce qui concerne les établissements municipaux,

---

[1] Archives du Cateau, CC 19.

[2] Ibid., CC 1.

[3] Il est vrai que l'on invoquait alors la mauvaise qualité de l'eau et les rigueurs du climat pour expliquer la nécessité de cette consommation. (Voir le mémoire de l'intendant Dugué de Bagnols).

[4] Ibid., CC 21.

[5] FINOT. *Inventaire sommaire,* p. XVIII.

l'instruction publique, la bienfaisance, les échevins s'occupaient de toutes les branches de l'administration. Pour les aider, ils avaient un procureur d'office, un greffier tabellion et un trésorier massart. On ne s'étonnera pas de voir ces fonctions assez recherchées. Outre l'honneur qu'elles donnaient, elles étaient rétribuées. D'après une ordonnance du 21 avril 1681, en cas de nantissement, les échevins « qui seront présents et effectifs (audit namptissement), qui debvront estre en nombre de justice compétent » recevaient 2 liards par florin pour les sommes excédant 100 florins, moins 2 deniers retenus sur la masse pour le greffier. Pour les sommes inférieures à 100 florins, les échevins semainiers et le greffier pouvaient les encaisser ou les rembourser et se faisaient payer suivant leur vacation.

En cas de vente, les magistrats avaient également 1 patard au florin. Lors d'un jugement portant amende, si celle-ci allait de 4 à 8 florins, le magistrat touchait 5 patards, le greffier 5 gros ; s'il y avait plus de 8 florins, les sommes respectives étaient de 10 patards et de 5 gros [1].

Enfin, en 1685, l'archevêque Théodore de Bryas régla les droits du châtelain et des échevins lors du passement des fermes [2].

A leur tête se trouvait le mayeur, qui convoquait

---

[1] Archives du Cateau. Registre aux délibérations, 47 à 49. La dernière ordonnance est du 3 juillet 1681.
[2] Archives du Cateau, BB 1.

et présidait le Conseil, en réglait les séances et avait l'initiative de toutes les propositions. Nous ne savons à quelle époque cette charge devient un fief héréditaire, mais nous le voyons mettre en vente en 1760 sous la dénomination « de tout un certain fief liége tel qu'à 60 sols de relief et autant de cambrelage quand le cas y eschet, nommé la mairie héréditaire du Cateau ». Il fut adjugé à Toussaint-André-Joseph Sculfort pour 5.600 florins [1].

Le Conseil de ville, sur lequel nous avons peu de renseignements, se composait de deux aînés et de quatre connétables.

Les quatre connétables étaient nommés par les échevins et convoqués dans les circonstances solennelles.

C'était encore les échevins qui nommaient tous les ans le trésorier massart. Celui-ci pouvait d'ailleurs être renouvelé, mais l'expression « par grâce », qui est alors employée semble indiquer que le fait n'était pas ordinaire. Leur nomination porte qu'ils jouiront des « gages, pensions, profits, droits et émoluments ordinaires », mais nous ne savons quels étaient ces gages, etc. Ils devaient être cautionnés par deux bourgeois et prêter serment [2].

C'étaient eux également qui désignaient pour trois ans les maimbourgs des églises Notre-Dame et Saint-Martin [3], qui recevaient les serments des curés,

---

[1] Archives du Cateau, DD 1.
[2] Ibid., Registre aux délibérations, 47ᵛ, 57ᵛ.
[3] Ibid., fol. 46ᵛ.

nommaient les connétables des villages de Mazinghien, Pommereuil, etc. [1].

Leur juridiction sur les villages de la châtellenie ne s'était pas amoindrie et nous voyons, au contraire, ces villages affirmer leur dépendance du Cateau. Les habitants subvenaient d'ailleurs aux dépenses d'entretien des troupes et d'intérêt général faites au Cateau [2].

(1) Ibid., f°ˢ 93, 103 : « furent establis connétables du village de Masinghien les nommés André Locqueneux, Jean Clacqbocq et Jean Godon dudit lieu, lesquels en prestèrent le serment en pleine chambre ».

(2) Voir à ce sujet Archives du Cateau. Registre aux délibérations, f° 50, les réclamations des habitants du Sart.

LA VILLE DU CATEAU AU XVIIIᵉ SIÈCLE

Malgré les ruines qui s'étaient accumulées, la ville, à la fin du XVIIIᵉ siècle, avait de beaux monuments civils et religieux dont la plupart sont encore debout. Elle en devait une partie à la générosité inépuisable et éclairée de Fénelon qui affectionnait cette résidence. Ce fut lui qui fit reconstruire le corps principal du palais archiépiscopal tel qu'il existe encore aujourd'hui avec sa cour d'honneur et son majestueux portail. Déjà Mgr de Brias avait rétabli la vieille tour qui flanque le bâtiment.

A la veille de la Révolution, Mgr de Rohan agrandissait encore le parc de cinq mencaudées et l'embellissait par de nombreux jets d'eau et cascades alimentées par les eaux de la Selle au moyen de conduits souterrains partant du pont Fourneau. En septembre 1782, il obtenait des échevins la suppression d'un chemin de traverse situé entre son parc et son jardin potager (1). Cette décision était prise sur

---

(1) « Chemin qui, jusqu'à présent, a fourni aux vagabonds et malintentionnés le moyen de s'introduire dans son parc, d'y couper les arbres et plantes, et de faire des dégâts dans son potager, d'y voler des fruits et légumes, etc. »

la considération « que, plus le Prince habitera son Palais, plus la ville en retirera de gloire et d'avantages, et que le désir du peuple de jouir longtemps du bonheur de posséder Son Altesse en cette ville, ne saurait être plus ardent [1] ».

Elevé vers le milieu du XVIe siècle, l'Hôtel de Ville, restauré en 1863 par M. Petiaux, architecte de Valenciennes, et Delerue, sculpteur, ne semble pas avoir subi de modifications essentielles.

Le plan général a la forme d'un rectangle et le bâtiment se compose d'un rez-de-chaussée, d'un étage et d'un toit d'une certaine hauteur tel qu'on le rencontre dans les vieilles villes flamandes.

Le sous-sol présente de belles caves en pierre voûtées en plein-cintre. La partie inférieure du rez-de-chaussée est formée par un soubassement en grès bien appareillé et s'élevant jusqu'à la hauteur des appuis de fenêtre. A certains endroits (pignon de l'Ouest), ce soubassement atteint plusieurs mètres de haut, car le sol environnant est inégal. Le reste de l'édifice est en pierre de taille du pays.

La façade principale est ajourée de huit fenêtres rectangulaires symétriquement disposées de chaque côté du beffroi ; elle est décorée de colonnes aux angles et au milieu des trumeaux.

Pour le rez-de-chaussée, l'on a usé de l'ordre toscan assez librement interprété : l'entablement a sa frise convexe avec corniche saillante ; le dé n'a pas de

---

[1] Archives du Cateau.

cimaise ; il est en grès, comme le soubassement des murs. A l'étage, l'ordonnance devient dorique ; la frise est ornée de triglyphes et de pointes de diamant remplaçant les métopes ; le chapiteau est enrichi d'oves. Les fenêtres sont encadrées par un chambranle mouluré. Au-dessus de la corniche supérieure et à l'aplomb des colonnes centrales sont deux lucarnes à ailerons et à fronton brisé, dont la corniche s'enroule en volutes de façon à ménager un espace vide dans lequel se trouve un petit socle supportant une cassolette ornée de godrons et de flammes. Dans la frise des lucarnes est sculptée une tête ornée de feuillage.

La même ordonnance se remarque pour les façades latérales, où les colonnes sont remplacées par des pilastres, les fenêtres sont encadrées de bossages, et des pignons à ressauts offrent l'aspect d'une découpure semblable aux marches d'un escalier. Ces pignons sont terminés par un petit fronton triangulaire surmonté d'une boule d'amortissement. L'intérieur ne renferme plus que quelques belles cheminées en marbre du style du XVIIᵉ siècle ; cependant nous savons qu'en 1725, les échevins avaient commandé au sieur Lanseau un tableau qui représentait la justice (1).

Placé en avant de cet édifice, le beffroi fut construit en 1705, sous l'épiscopat de Fénelon, par Jacques Nicolas, de Valenciennes.

---

(1) Archives du Cateau, CC 11.

Pour le rez-de-chaussée et le premier étage, on a employé les ordres employés dans la construction primitive. Néanmoins, sur la face de la tour, afin de loger la fenêtre avec balcon qui orne le premier étage, on a supprimé toute la partie de l'entablement toscan (sauf l'architrave) qui aurait dû exister entre les colonnes. Entre les colonnes toscanes, on voit une sorte de porche résultant de la croisée des voûtes en plein-cintre, qui s'ouvrent sur les faces antérieures et latérales de la tour à la base de celle-ci. Les arcades qui terminent ces voûtes, à l'extérieur, ne forment aucune saillie sur les murs. Au-dessous du porche se trouve l'entrée principale de l'Hôtel de Ville.

Le premier étage offre une fenêtre dont l'encadrement de pierre est presque luxueux. Elle est surmontée d'un fronton circulaire dont le tympan représente les armes de la ville (d'azur au castel d'or, etc...), sculptées dans la pierre. Elle donne accès sur un balcon en fer forgé, dont la dalle est supportée par deux consoles en grès d'un profil simple.

Au deuxième étage, les colonnettes sont remplacées par des pilastres couronnés de chapitaux ioniques, avec frise enrubannée, ornée de rosaces, et, à l'aplomb des pilastres, par une tête de lion décorée de feuillage. Au troisième étage, les pilastres sont corinthiens ; au quatrième étage, ils sont composites. Chaque face, à tous les étages, est pourvue d'une fenêtre rectangulaire qui, à l'étage supérieur, est remplacée par un cadran. C'est là que fut installée, en 1718, une nouvelle horloge [1].

La corniche supérieure, très saillante, est arrondie aux angles ; cette disposition produit un effet original pour le couronnement d'une tour carrée.

La balustrade qui surmonte la corniche et qui sert de plate-forme à la flèche présente quatre piliers d'amortissement supportant des petits clochetons ou pyramidions quadrangulaires décorés de larges feuilles d'acanthe.

La flèche élégante, aux découpures bizarres, termine heureusement le beffroi. Elle rappelle par ses formes l'aspect des plus beaux clochers flamands et s'élève sur une base octogonale, dont les arêtes se retrouvent jusqu'au sommet [2].

L'église Notre-Dame, située dans la rue du Bon-Dieu, avait le plus souffert des guerres du XVIe siècle. Mgr Vanderburch la rendit au culte en 1616. Des autels y étaient dressés sous le vocable de la Vierge, de Tous les Saints, de Sainte Anne, de Sainte Cécile, de Saint Jean-Baptiste, de Saint Adrien, de Saint Roch, de Sainte Barbe. Le prélat y avait déposé des ossements de Saint Évrard et des onze mille vierges

---

[1] Archives du Cateau, DD 8.

[2] Entre les deux fenêtres de l'étage du pignon occidental, on a mis une plaque avec l'épigraphe suivante :

Hot. de V. XVIe	Cloch. XVIIIe
Rest. XVCCC	LXIII

et accorda une indulgence de quarante jours à ceux qui viendraient visiter et vénérer ces autels. Si elle ne fut pas complètement détruite en 1642, elle souffrit beaucoup, car il fallut y faire de grandes réparations dès que la cité commença à se repeupler[1]. En 1720, on y fit de nouvelles dépenses que nous trouvons mentionnées dans les comptes de la ville. On la démolit et Etienne Wancque reçut, pour sa destruction et sa reconstruction, 2.369 florins ; le charpentier Jean-Baptiste Denise reçut 896 florins, 16 patards ; le couvreur Jérôme Cacheux toucha 829 florins ; le serrurier Ambroise Warocque, 624 florins, 11 patards ; Jean-Charles Colnesse, plombier, 393 florins, 11 patards, et Nicolas Lefranc, vitrier, 106 florins, 5 patards, 12 deniers, plus 55 florins, 6 patards pour vitres fournies à l'Hôtel de Ville [2].

L'église Saint-Martin, reconstruite par l'archevêque Louis de Berlaymont, avait été dotée, en 1586, d'un clocher pour l'édification duquel les habitants avaient obtenu de s'engager. Reconstruite en partie en 1616, elle fut détruite par l'invasion française en 1642, et ce fut seulement quarante ans plus tard que l'on pensa à la rétablir. Le 2 mai 1682, des commissaires furent nommés à cet effet par le magistrat et, le 29 mai 1684, l'on vendit les vieux matériaux. Le

---

[1] Archives du Cateau. Registre aux délibérations, fos 27 à 29.
[2] Archives du Cateau, CC 11.

7 mai 1688, Jacques Preux, prévôt d'Inchy-Beaumont, autorisa, moyennant 24 florins, la ville à employer quatre ouvriers pour extraire des carrières d'Inchy les pierres blanches nécessaires à la construction pendant un an. En 1691, le monument était assez avancé pour que la ville décidât le déblaiement du cimetière qui l'entourait, et elle passait en même temps un contrat pour l'érection de la maison curiale. Enfin, le 20 mai 1692, le magistrat ayant approuvé les plans de Guillaume d'Ardenne, architecte de Maubeuge, décidait de donner 500 florins à l'entrepreneur qui construirait la flèche. Celle-ci devait avoir 85 pieds, mesure de Hainaut, depuis le sol jusqu'à la base de la croix qui la surmontait [1]. L'église offrait, à la Révolution, une vaste construction mesurant 96 pieds de longueur sur 20 pieds de largeur entre les colonnes qui étaient de l'ordre toscan. Les collatéraux avaient la même longueur sur 15 pieds de large ; la longueur de la croix était de 24 pieds de chaque côté, sur 28 de large. Le chœur n'était pas proportionné au corps de l'église, il mesurait 37 pieds de longueur sur 20 de largeur. Ce chœur aurait dû être reconstruit, et cette question provoqua, au XVIIIe siècle, de longues discussions entre la ville et l'abbé de Saint-André qui était collateur. Bien que Mgr de Choiseul, en 1763, eût autorisé les échevins à obtenir la reconstruction soit par voie

---

[1] Archives du Cateau. Registre aux délibérations, f°s 55, 68, 71, 72[v].

d'arbitrage, soit par celle de la justice et qu'il leur donnât tout pouvoir à cet effet, la question était encore pendante en 1789 [1]. De l'église Saint-Martin relevait la cure de Pommereuil érigée en 1716. En signe de dépendance, le curé de Pommereuil devait se présenter tous les ans, le jour de la saint Martin, en surplis, avec un cierge allumé à la main et déposer ce cierge sur l'autel du saint.

L'église elle-même était entourée d'un cimetière qu'il fallut agrandir en 1785 [2].

Malgré ses malheurs, l'abbaye de Saint-André avait recouvré son ancienne splendeur et jouissait, en 1789, de 50.000 livres de revenus. Elle était devenue un centre prospère d'études ; nous n'en voulons pour preuves que l'impulsion donnée au collège du Cateau et la composition de la bibliothèque qui comprenait 930 volumes in-folio, 1.260 in-quarto et in-octavo et 1.992 de moindre format. Parmi les religieux, il suffit de signaler le célèbre dom Bevenot, qui ne fut inférieur à aucun des savants historiens bénédictins [3], dom Potier et dom Antoine de Montmorency [4].

---

(1) Archives du Cateau, GG 59.

(2) Archives du Cateau.

(3) Voir Bethmann, etc.

(4) La liste des religieux en 1789 a été publiée par CLOEZ. *Etude historique,* p. 70. Ils étaient vingt-et-un et tous des environs du Cateau.

En 1635, fut construite l'église de l'abbaye qui sert aujourd'hui d'église paroissiale [1].

Le plan de l'édifice rappelle une croix latine. Les deux bras de la croix formés par les transepts sont peu saillants. Les deux autres membres sont à peu près d'égale longueur, pour permettre de donner au chœur d'assez vastes proportions. Le chevet de l'église a la forme absidale, les transepts se terminent par un mur droit.

L'édifice mesure, de l'entrée du portail principal au chevet de l'église, 69^m87. La grande nef a 38^m65 de longueur. D'un mur à l'autre, la largeur totale est de 16^m12.

Il y a trois nefs, la grande est large de 8^m88, les deux autres sont étroites et ne mesurent que 3^m63. Le transept, d'un chevet à l'autre, a 25^m32 de longueur et 8^m51 en largeur.

Le chœur est vaste et se divise naturellement en deux parties : la première, occupée par les stalles, et la seconde, par le sanctuaire élevé d'une marche. Autour, court le déambulatoire de même largeur que les petites nefs et au chevet de l'église, on a ouvert une chapelle absidale en rotonde.

La façade est composée d'un appareil de pierres blanches qui se sont effritées. Elle a dû être autrefois

---

[1] Construite sous Louis XIII, l'église Saint-André dut recevoir plusieurs restaurations, surtout après la Révolution. La plupart des sculptures ont été retouchées au milieu du XIXe siècle.

précédée d'un péristyle dont il reste quatre colonnes en pierre bleue.

Le clocher a été placé au transept nord. La tour est carrée, divisée en étages par de simples lignes de pierres, sans ordres de colonnes. Elle est flanquée de huit contreforts qui simulent des pilastres.

Au sommet, elle est percée de deux grandes fenêtres sur chaque face. La flèche a d'abord la forme d'un toit quadrangulaire à forte pente ; les angles sont coupés en biseau, ce qui engendre bientôt la forme octogonale. Au lieu de s'achever en pointe, elle se termine par une partie bulbeuse, campanulée, qui soutient la croix.

La façade proprement dite est un grand mur droit, divisé en quatre étages superposés, dont les deux premiers ont la largeur des trois nefs de l'église ; le troisième a les dimensions de la grande nef ; le quatrième sert de couronnement et cache le sommet de la toiture.

Chaque section a un ordre différent : en bas, les pilastres et les colonnes sont de style dorique ; au deuxième étage, ce sont des pilastres ioniques ; au troisième, un ordre composite un peu écrasé.

La partie inférieure est percée au milieu d'une grande baie donnant accès dans l'édifice. La porte est formée de battants en chêne sculpté. Chacun d'eux est divisé en trois panneaux carrés, ornés d'armoiries qui représentent les armes de l'abbé de Montmorency et celles du Cateau.

On arrive à la porte par sept degrés en pierre bleue,

surmontés d'un portail en saillie ; quatre colonnes monolythes soutiennent un fronton brisé.

De chaque côté, dans la partie qui correspond aux petites nefs de l'église, deux niches renferment des statues : à gauche, Saint-André portant sa croix ; à droite, Saint-Mathieu tenant en main l'Evangile. Ces statues sont bien drapées et mouvementées, suivant le goût de l'époque.

L'ordre de pilastres est surmonté de son entablement classique, orné de triglyphes disposés géométriquement sur la frise.

Au milieu de l'étage suivant, une niche élégante renferme une belle statue de la Vierge tenant l'Enfant-Jésus. Au-dessous, est une plaque de marbre où on lit l'inscription suivante :

« Cette façade de l'ancienne abbaye Saint-André fut construite en 1635 [1] ».

Les extrémités de cet étage sont percées de deux

---

[1] Aujourd'hui, l'église communale de la ville du Cateau a été entièrement refaite en 1854, sur les mêmes profils d'architecture ; les ornements et figures ont été surmoulés sur nature. L'administration sous laquelle cette importante restauration s'est accomplie était composée de MM. Auguste Seydoux, maire ; Eraux-Chantreuil, 1er adjoint ; Jules Sartiaux, 2e adjoint.

Le Conseil qui a voté les fonds comptait dans son sein :

MM. Edouard Delannoy, Ponsin-Bonnaire, Dormay Auguste, Herbert Houche, Morcrette-Gallonde, Lavandier-Lestoquoy, Louis Carlier, Ponsin-Sartiaux, Fiévet Rémy, Maréchal-Fleuru, Cousin-Hennequant, Charles Laude, Charles de Louche, Basquin Noël, Charles de Lafons, Mouton Augustin, Henri Flayelle, Belin-Cousin, Eloi Collery.

Inauguration le 23 septembre 1855, jour de la fête patronale.

grandes fenêtres semblables à celles des nefs de l'église.

Aux deux panneaux qui s'étendent entre la statue de la Vierge et les fenêtres, des frontons arrondis en saillie encadrent deux ciboires soutenus par des têtes d'anges.

La frise est ornée de petites rosaces enlacées dans un ruban.

Au troisième étage, s'ouvre au milieu une grande fenêtre en plein cintre. De chaque côté, dans un cadre de sculptures, surmonté d'un fronton brisé, sont placés deux grands médaillons en pierre bleue, contenant les armoiries du Cateau et de l'abbé de Montmorency.

Une console renversée, surmontée d'un vase, unit cet étage plus étroit au précédent, qui avait la largeur des trois nefs (1).

---

(1) C'est à l'intérieur de ces deux consoles que se trouvent les dates de la construction et de la restauration de l'église.

A droite, la date de la restauration :

L'AN

M.D.CCC.L.IV — (1854)

RESTAURATION.

NAPOLÉON III RÉGNANT,

CASIMIR PÉTIAUX

ARCHITECTE.

Un peu plus haut, au-dessous du chiffre du Christ, I. H. S., on lit : 1635.

Dans l'intérieur de l'église, sur le claveau central de l'archivolte, à la porte de la sacristie, nous retrouvons la même date, 1635.

La frise est couverte de bouquets de fruits.

Le dernier motif, qui sert de couronnement à toute la façade, est formé de deux grandes volutes ou consoles renversées en S, surmontées d'un fronton complet, au-dessus duquel s'élève une croix sur un globe soutenu par une tête d'ange.

De riches sculptures occupent tout l'intérieur ; au centre, un grand médaillon ovale renferme le chiffre I. H. S. entouré d'une couronne ; le tout est placé dans une gloire rayonnante. Au-dessous, un cartouche contient la date 1635 ; au-dessus, un médaillon au chiffre de la Vierge ₐ.†.ₘ.

En entrant à l'intérieur du monument, on est bien impressionné par les proportions du vaisseau de la grande nef du chœur.

Les vingt colonnes des nefs et du chœur sont en pierre grise et de style dorique. Au transept, quatre piliers soutiennent la voûte et sont flanqués de pilastres carrés, au chapiteau composite. Le fût des colonnes et des pilastres est sans aucun ornement.

La forme des arcs de voûte est variée. Dans la grande nef, l'arc doubleau est un cintre surbaissé en anse de panier ; dans le chœur, c'est un plein cintre complet. Dans les bas-côtés et le déambulatoire, à cause du peu de largeur, on a donné à la plupart des arcs la forme en tiers-point. Les arcs des travées, dans la grande nef, ainsi que les quatre premiers arcs du chœur, sont en plein cintre ; les trois du fond, à cause du rapprochement des colonnes, prennent la forme pointue de l'ogive.

Tous les intrados sont ornés de sculptures en

caissons avec médaillons ou en guirlandes de bouquets et fruits. On n'en trouve pas deux sculptés sur le même modèle.

Les voûtes de chaque travée sont divisées en quatre par des arcs diagonaux.

La voûte du milieu du transept est beaucoup plus ornée. La clef principale est entourée, à plus d'un mètre de distance, d'un cercle de pierre en saillie, duquel partent les quatre arcs ogives qui reposent sur les piliers. Chacune des quatre sections ainsi formées est munie de trois clefs : l'une, au centre, reste indépendante ; les deux autres se relient au cercle central, aux piliers et au centre de l'arc, formant des travées par des lierres et tiercerons.

Toute cette armature de voûte est en pierre sculptée. Les quatre divisions principales des arcs ogives contiennent des entrelacs formés de feuillages et de personnages enchevêtrés. Les autres arcs sont ornés de feuillages très variés [1].

Dans les bas-côtés, les fenêtres sont grandes ; elles forment une baie large, sans compartiment de pierre, haute et terminée en plein cintre. Le mur de l'église, qui occupe l'espace entre chacune d'elles, est orné de pilastres carrés peu saillants qui reçoivent les retombées des petites voûtes.

---

[1] La partie de la voûte qui surmonte le maître-autel est richement décorée. A la restauration de l'église, au milieu du XIXe siècle, on a représenté dans le voûtain du fond les armes de Mgr Régnier, soutenues par deux têtes d'anges et entourées d'ornements.

Au-dessus de la frise et de la corniche, s'ouvrent des fenêtres rondes encadrées dans un cintre de pierre, soutenu par deux pieds droits. Au-dessous de ce cadre, se trouvent de grands motifs en culs-de-lampe.

Au transept, la grande fenêtre est semblable à celle des bas-côtés. La fenêtre du haut est ovale, encadrée dans une sculpture de même forme.

Les fenêtres qui éclairent les voûtes du chœur sont grandes et ont la forme de celles des petites nefs.

Entre les arcs des travées et le Clerestory, court tout autour de l'église une corniche surmontant une frise très ornée. Dans la nef, chaque partie de la frise qui surmonte l'arcade est garnie de fruits, de feuillages et d'un médaillon portant successivement les chiffres I. H. S. et A. M. Dans le chœur, chacune des sections est ornée d'une guirlande de fruits, de fleurs et de feuillages.

A la retombée des arcs doubleaux de la grande voûte, l'entablement est placé en saillie. Sur la partie de la frise qui supporte la retombée de la voûte, sont sculptées des têtes d'anges. Leurs types sont variés et expressifs. Les anges de la nef ont la bouche fermée et semblent prêter attention aux chants qui partent du chœur.

Au-dessous de chacun de ces anges, une console soutient cet encorbellement et sert de motif d'ornementation à chaque tympan ou écoinçon entre les arcs des travées.

Dans le chœur, se détachent quelques têtes d'hommes ; deux surtout, à l'entrée du sanctuaire, attirent l'attention. L'une d'elles, du côté de l'Evangile, représente, dit-on, en caricature, un ancien abbé du monastère.

On nous pardonnera d'avoir insisté si longuement sur cette église, mais on se rappellera que ce monument est tout ce qui reste de l'abbaye qui joua au Cateau un rôle si considérable.

Outre les Bénédictins, la ville comprenait encore le couvent des Récollets et un collège. On ne sait à quelle époque remonte le premier établissement des Récollets. Dispersés au XVIIe siècle, ils furent rappelés en 1653 par Gaspard Nemius et s'efforcèrent « de leur pouvoir, de rendre toutes les assistances possibles tant au spirituel que temporel aux habitans qui s'y sont peu à peu réadomiciliez ». Ils obtinrent, en 1565, de clore le terrain où ils s'étaient établis, mais ils furent soumis à de nombreux ennuis, car sur leur terrain se trouvait la fontaine des Lombards « appartenant au publicque de ceste ville ». Sur les plaintes des habitants, divers arrangements furent pris pour permettre le libre usage de cette fontaine (1).

Les hôpitaux de Saint-Lazare et du Saint-Esprit, déjà mentionnés au Moyen Age, s'étaient transformés. Le premier avait été transféré au Cateau, sur la demande des sœurs, par Mgr Louis de Berlaymont, le 13 novembre 1570. Comme « leur maison étant scituée aux champs, et leurs personnes illecq demourantes sans aucune garde sont exposées aux dangers

---

(1) Archives du Cateau. Registre aux délibérations, fos 26 et 36.

des volleurs et brigans, voire bien souvent de leur vie measmement », il les autorisa à acquérir du sieur Jean Desquenes une maison sise vis-à-vis l'hôpital du Saint-Esprit, à la condition que cet individu reprendrait une maison située près de Saint-Martin [1]. Les religieuses possédaient en outre, à la fin du XVIe siècle, la ferme et le moulin de Richemont, sur la route de Montay à Pommereuil, et un lieu dit « le marchiet de Richemont », rapportant par an 140 livres [2].

La dédicace de leur nouvelle église fut faite en 1607 par Mgr Guillaume de Berghes, qui les soumit à l'église Notre-Dame, alors qu'elles relevaient autrefois de l'église Saint-Martin [3]. Elles durent pourtant continuer à payer à cette dernière un mencaud de blé et une demi-livre de cire à la mort de chaque religieuse. Ayant abandonné le soin des lépreux, elles dirigèrent une école sous le nom de Sœurs Lazaristes et y annexèrent un petit pensionnat.

D'après M. Bruyelle [4], l'hôpital du Saint-Esprit ne serait autre que celui de Saint-Sauveur, précédemment fondé dans un lieu voisin du Cateau et transporté dans la ville, près de l'église Saint-Martin,

---

[1] Notes de dom Potier. — Pièce justificative.

[2] Archives de Mons — greffe échevinal de Forest — année 1597.

[3] Notes de dom Potier. — Le couvent occupait la partie comprise entre la partie inférieure de la rue Saint-Lazare et la Rike-Rue, emplacement occupé aujourd'hui dans la rue de la République par le temple protestant et les maisons n°s 27 et 29.

[4] *Précis historique sur le Cateau-Cambrésis,* déjà cité.

par Mgr Henri de Berghes (1). Il était régi par les
sœurs de Saint-Augustin et avait pour but de recueillir
et soulager les malades et les infirmes. La première
directrice fut sœur Jeanne Aucquière. L'évêque fondateur entoura cet établissement d'une prédilection
particulière. Par un acte du 27 avril 1497, il lui
assigna quelques biens qu'il avait acquis dans l'intérieur du Cateau et y ajouta une maison sise à
Pommereuil avec quatre-vingt-treize mencaudées de
terres labourables. Non content d'avoir fait percer la
rue de Berghes afin d'établir une communication
entre l'hôpital et son palais, il ordonna, par son
testament en date du 15 novembre 1501, de rédiger
des statuts d'après lesquels l'hôpital devait être
administré à l'instar de ceux de Louvain et de Valenciennes. A sa mort, survenue le 7 octobre 1502, ses
entrailles, renfermées dans un vase d'albâtre, furent
conservées dans la chapelle du Saint-Esprit.

Les sœurs se dévouèrent au soin des malades de
l'hôpital, selon les intentions de leur fondateur ;
mais en l'année 1744, sans aucun doute avec l'agré-
ment de l'archevêque de Cambrai, elles cessèrent de
les recevoir et ouvrirent un pensionnat de jeunes
filles. Un conflit éclata à ce sujet entre les échevins
et les religieuses. On leur avait envoyé un malade
qu'elles refusèrent d'accepter. Les échevins portèrent
plainte devant le Parlement de Flandre ; mais
Mgr l'Archevêque de Cambrai réclama cette cause

---

(1) M. Finot emploie la forme Bergue. Cette forme ne se
trouve nulle part dans les manuscrits du temps.

qu'il jugeait de sa compétence et le Parlement fit
droit à sa demande. Après avoir mûrement réfléchi
et examiné l'affaire en détail, le prélat donna gain
de cause aux échevins ; mais, malgré ses ordres, les
choses traînèrent en longueur et les sœurs ne reprirent
pas le soin des malades. De là des récriminations
amères qui se retrouvent encore en 1789 dans le
cahier des doléances. On reprochait aux religieuses
de toucher les revenus de biens qui n'avaient été
laissés à l'hôpital que dans le but de venir en aide
aux malades pauvres du Cateau, biens dont elles les
privaient en renonçant à leur donner les soins imposés
par leur fondateur (1).

----

(1) La formule des vœux qu'elles prononçaient nous a été
conservée ; la voici telle qu'elle a été transcrite dans les archives :

« Je sœur Marie-Caroline Piettre, promets à Dieu, à la Vierge
Marie, à Monseigneur Saint Augustin, notre Père, et à tous les
saints et saintes du Paradis, de vivre en chasteté perpétuelle, en
pauvreté volontaire et obédience à mon très Révérend Père en
Dieu, Son Altesse Monseigneur l'Archevêque, duc de Cambray,
pair de France, prince du Saint-Empire et comte du Cambrésis,
et à vous, Révérende Dame Prieure de cette maison et couvent
des religieuses du Saint-Esprit au Cateau et à vos successeresses,
suivant la règle de Saint Augustin, notre Père, et les statuts de
céans jusqu'à la mort et j'y promets aussi de demeurer perpétuellement dessous la juridiction de mon dit Révérend Père
en Dieu, Son Altesse Monseigneur l'Archevêque, duc de
Cambray, etc...

« Marie-Caroline PIETTRE.

« Sœur Pétronille DUPONCHEL, Supérieure.

« J'ai reçu les dits vœux le 26 juin 1731.

« J. ZENBERG, Curé de Saint-Martin. »

Déjà, dans cet hôpital, avait été institué, par un prêtre originaire du Cateau, mort en 1587, Pierre Simon, chanoine de Cambrai, un culte spécial d'hommage envers le Saint Sacrement (1).

(1) Pièce justificative.

L'INSTRUCTION AU CATEAU

De bonne heure, les Catésiens avaient joui des bienfaits de l'instruction.

Au XIIIe siècle déjà, un « magister » est signalé au Cateau [1]. Au temps de la réforme, nous avons eu l'occasion de signaler la présence de deux écolâtres. En juin 1584, maître Pierre Simon, originaire du Cateau, chanoine de la cathédrale de Cambrai, lègue dans son testament, au châtelain et aux échevins de sa ville natale, différents biens qui devront être affectés à la fondation de bourses pour trois jeunes gens. Enfin, en 1630, nous voyons le magistrat charger un maître Benoît d'enseigner à la jeunesse les premiers éléments de la langue latine.

C'est à Fénelon que le Cateau dut d'avoir un collège des Jésuites. A la suite des démarches faites par le magistrat près du P. Castille, recteur du collège de Cambrai, un traité fut passé le 18 janvier 1714 entre la ville et le P. Baudouin Wauquier, provincial. Outre un terrain situé rue des Mulquiniers [2], les

---

[1] A. D. Fonds de Saint-André.
[2] Dont l'achat coûta à la ville 3.990 florins.

échevins s'engageaient à fournir un capital de
13.000 florins, plus une rente annuelle de 2.000 florins.
Les Jésuites s'engageaient, de leur côté, à bâtir le
collège et à y entretenir un recteur, un préfet, cinq
régents et un frère (1).

En 1718 s'ouvrit le collège, composé de deux bâtiments, l'un réservé aux élèves, l'autre aux professeurs,
et il ne tarda pas à prospérer. En 1722, les échevins
demandent et obtiennent l'ouverture d'une classe
enfantine. En 1752, les Jésuites décidèrent d'ouvrir
un pensionnat et obtinrent à cet effet, de Mgr l'Archevêque de Saint-Albin, un notable agrandissement de
leur terrain, ainsi que la faculté de tirer des pierres
blanches de la carrière de Fussiau. Ce ne fut cependant qu'en 1762 que le châtelain, de Carondelet,
consentit à abandonner le terrain contigu au rempart
qui avait été assigné par le prélat. Bientôt, deux
nouveaux bâtiments complétèrent l'établissement et
la ville, intervenant encore, accorda au pensionnat
un abonnement pour la bière, le vin et l'eau-de-vie.
Le prix fixé fut de 16 florins, qui devaient d'ailleurs
être employés à donner un certain nombre de prix de
versions aux élèves.

Ce pensionnat s'ouvrit solennellement en octobre
1760 avec cinquante-et-un internes et ne tarda pas à
prospérer. Dès 1762, le chiffre des élèves dépassa
soixante ; quatre ans à peine après sa fondation,

---

(1) Archives du Cateau, GG 60 à 64. C'est sous cette rubrique
que se trouvent toutes les pièces relatives au collège.

l'établissement comptait déjà quatre-vingts pensionnaires.

Il en venait non-seulement du Cateau et des villages voisins, mais aussi des villes plus éloignées et plus importantes, où certes ne manquaient pas les maisons d'éducation : de Guise, Landrecies, Quesnoy, Valenciennes, Béthune, Saint-Omer, Armentières, Cambrai, Douai, Avesnes, Paris, et même de l'étranger, de Londres, de Namur, de Tourcoing et d'Amsterdam [1]. Aussi, les pères achetèrent-ils de nombreux immeubles et, de ce fait, étaient endettés de 41.000 francs quand fut supprimée la Société. Afin d'assurer le paiement de cette somme, le Parlement de Paris envoya comme administrateurs séquestres les sieurs Brabant et Véron, mais le magistrat s'étant concerté avec ceux de Cambrai, Lille et Valenciennes, porta la chose devant le Parlement de Flandre. Celui-ci décida qu'un économe

---

[1] Beaucoup de ces élèves appartiennent à la noblesse, quelques-uns aux plus grandes familles du pays, témoins les noms suivants que nous relevons sur les registres d'entrées : d'Herteing de Latour ; d'Escleibes Chevalier ; de Clermont, fils de M. le Comte de Clermont ; Simon Delafond de la Plesnoye, et Réné Delafond de Longchamps, fils de M. le Marquis de la Plesnoye ; Marlin d'Estreux, fils d'un Conseiller du Parlement de Douai ; de Vadencourt ; Hardy de la Houwarderie ; Jean-Baptiste de Carondelet, fils du châtelain, gouverneur du Cateau ; Mustelier de Berlaimont ; Delattre de la Hutte ; de Zevallos, fils d'un vice-châtelain ; Jolly de la Vieville ; Lagache d'Halluinche ; François Santerre, fils d'un brasseur de Montmartre, dont on connaît le rôle pendant la Révolution, fit aussi ses études au Cateau, de 1760 à 1767.

receveur serait nommé par les villes et que lui seul pourrait fixer ce qui revenait aux créanciers. En vertu de cette ordonnance, les échevins nommèrent le sieur Druesne, et celui-ci força Brabant et Verron à abandonner l'immeuble où ils s'étaient installés. Si nous en croyons les plaintes de ces derniers, ce ne fut pas sans peine qu'ils échappèrent à la colère de la foule.

En vain, Brabant et Véron se réclamèrent des instructions qu'ils avaient reçues du Parlement de Paris, l'huissier Pollart refusa de prendre acte de leur protestation et « ordonna aux six sergents qui, par ordre du Magistrat l'accompagnaient, de les jeter à la porte ». Les gardiens ne se sentant pas assez forts pour résister à six hommes, dont plusieurs étaient armés, se résignèrent à sortir du collège. Mais à peine furent-ils dans la rue que la foule, excitée par les anciens élèves des Jésuites et certains notables de la ville, les accueillit par des huées et des menaces ; ils n'eurent que le temps de se sauver et de gagner la route de Cambrai ; Véron, par la rue des Récollets « où il fut poursuivi à coups de pierre » et Brabant, par la place « où il faillit être écharpé ».

A la suite des divers arrêts des Parlements supprimant la compagnie de Jésus, celle-ci dut abandonner le collège le 1er avril 1765. En vertu de l'édit royal de février 1763 (1), celui-ci devait être dirigé par un

____

(1) Archives du Cateau, AA 1.

bureau d'administration dont faisaient partie de droit, à cette époque, l'archevêque de Cambrai, le seigneur de Carondelet, châtelain, le curé de Saint-Martin [1], le procureur fiscal [2] et deux échevins [3]. Le bureau se compléta par l'adjonction du P. Deseiller, jésuite sécularisé, qui fut nommé principal du collège [4], par celle de MM. Charles-Théodore Deudon et François Labetous, anciens échevins, et de Jean de Trassy comme secrétaire. L'enseignement fut dès lors donné par des prêtres séculiers [5] qui recevaient chacun 100 florins [6], et il ne semble pas que la vogue du collège ait diminué tout d'abord. Toutefois, le pensionnat fut supprimé de 1769 à 1776, et la situation devint telle que l'on dut penser à fermer l'établissement.

Ce fut alors qu'intervinrent les Bénédictins de Saint-André qui offrirent de se charger gratuitement de l'enseignement, à la condition qu'il leur serait permis de se retirer quand ils le jugeraient bon. Le châtelain et les échevins en référèrent à l'archevêque qui donna son approbation. Il fut seulement convenu

---

[1] Jacques Albert Farbu.

[2] Alphonse Rodriguez.

[3] Hilarion Deulin et Jean Pamart.

[4] Il fut bientôt remplacé par M. Farbu, curé de Saint-Martin, qui eut à son tour pour successeurs MM. Hannequant et Lallemant.

[5] Les premiers professeurs furent Guillaume Lallemant, vice-principal ; Jean-Baptiste Hannequant, Joseph Renaut, Liénart, Jesqez et Gradpeange.

[6] Le principal touchait 260 florins.

que les religieux avertiraient l'échevinage six mois avant de quitter l'enseignement [1].

Sous l'habile direction de ces nouveaux maîtres, le collège compte bientôt cent cinquante externes. Le magistrat voulant témoigner sa satisfaction, offrit à l'abbé, en 1774, une allocation de 500 florins qui fut acceptée « à titre de dédommagement pour l'achat de livres classiques ».

Nous ne parlerons que pour mémoire des tentatives faites pour ouvrir de nouveau le pensionnat. M. l'abbé Dhennin réussit à grouper un certain nombre d'élèves, mais son succès fut de courte durée. En 1787, il fallut vendre une partie des bâtiments affectés à ce but.

Nous avons vu que les sœurs de Saint-Lazare et de Saint-Esprit avaient des écoles pour les jeunes filles. Il existait d'ailleurs probablement d'autres écoles particulières, car en 1791, lorsque les maîtres durent prêter le serment, on cite, outre les religieuses, les noms de Claire Valez, Catherine Vitasse, Christine Stievez. De plus, la ville payait des maîtres pour l'enseignement primaire [2]. Il faut remarquer que l'instruction devait être bien répandue, car la plupart des témoins des actes signent eux-mêmes et les *croix* sont très rares.

---

[1] Archives du Cateau, BB 3.
[2] Ibid., Période révolutionnaire. Instruction 2.

COMMERCE AU CATEAU

Au milieu des désastres qui marquent notre histoire, il ne semble pas que l'industrie manufacturière se soit beaucoup développée. Par contre, le commerce agricole était devenu assez intense. En prévision de disettes possibles, il avait pourtant fallu établir certaines dispositions. En 1698, l'intendant ayant porté une ordonnance qui forçait tous les particuliers à vendre et acheter le blé et autres grains dans les marchés des villes et ailleurs, l'archevêque fit une ordonnance semblable pour la châtellenie [1]. En 1740, une autre ordonnance de Mgr Dubois porta que les grains et farines devaient être « vendus et distribuez dans les marchés publics aux lieux où ils ont coutume de se tenir et aux jours ordinaires, et il ne pourra pas en être vendu, ni délivré sur le grenier sous quelque prétexte que ce soit [2] ». Malgré ces précautions, il n'en arrivait pas moins

---

[1] *Mémoire pour les châtelain, magistrat, mayeur, échevins et principaux habitants des ville et châtellenie du Cateau-Cambrésis, deffendeurs, etc...*

[2] Archives du Cateau, BB 2.

des incidents, comme en 1757, où une émeute éclata à cause de la cherté des blés et où il fallut instituer des gardes spéciales pour les marchés et jours de foire, comme nous l'avons dit plus haut [1]. En 1687, le magistrat avait établi une sorte de barême du prix pour les pains blancs et gris. « Le bled de boulanger se vendant 3 sols, lesdits pains blancs seront à 3 patards ; à 50 patards, se vendront 5 gros ; à 45 patards, se vendront 9 liards, et les pains gris de mesme poids, à 2 liards moins que les aultres [2] ».

Les moulins à huile semblent avoir été nombreux, puisque l'on essaya de les taxer [3].

L'industrie de la brasserie était assez florissante et, si nous en croyons les fermiers, donnait lieu à une fraude active en faisant passer la bière dans le Hainaut. Il en était de même pour l'eau-de-vie, et ici la fraude est constatée par de nombreux procès-verbaux [4]. Le commerce du vin était actif et le magistrat lui-même voulut, en quelque sorte, régler les prix de vente en en faisant « vendre et débiter... par son concierge, pour régler par ce moyen les autres marchands... qui le vendent et débitent à des prix exorbitans, au grand intérest du publicque ». Il eut à soutenir à ce sujet, de 1710 à 1714, un procès devant le magistrat de Cambrai pour forcer un

---

[1] Ibid., BB 61.

[2] Archives du Cateau. Registre aux délibérations, f° 66ᵛ (20 septembre).

[3] *Mémoire, etc...*

[4] Ibid.

nommé Augustin Froment à quitter une maison
« tenante à l'Hôtel de Ville et scituée soubs le consistoire », car il voulait y établir ses magasins (1) ».

Le magistrat avait, d'ailleurs, souvent à intervenir
pour réprimer les prétentions des marchands. C'est
ainsi qu'en 1679 (7 janvier), sur les plaintes du
procureur d'office, se plaignant « que les victuailles
et denrées se vendoient à pris excessif », le corps de
ville décida l'établissement d'un tarif. La forte bière
devait être vendue au prix de 5 gros le lot, le meilleur vin au prix de 14 patards le lot, le meilleur
mouton et porc à 3 patards 1/2 la livre, le bœuf à
5 gros la livre.

Cette réglementation souleva les réclamations des
bouchers, qui déclarèrent ne pouvoir accepter ce
tarif. On leur accorda dix jours pour venir à résipiscence, mais sur leur nouveau refus, les échevins
convoquèrent les aînés et connétables et, en leur
présence, défendirent aux récalcitrants « de tuer ny
vendre doresnavant aulcune chaire, à paine de confiscation, amende ou aultre paine arbitraire ». On
établit deux autres bouchers à leur place, mais le 19,
les révoltés se soumirent (2).

Mais de nouvelles infractions se produisirent car,
le 22 décembre de la même année, il fallut rééditer
le règlement en menaçant les délinquants d'une
amende de 3 florins. Pierre du Fresne et Louis

----

(1) Archives de Cambrai, FF 100.
(2) Archives du Cateau. Registre aux délibérations, f° 39.

Fournier étaient nommés égards et mayeurs pour veiller à son application. Un tiers des amendes leur était attribué, les deux autres étaient partagés entre l'office des égards et le magistrat [1].

Le 25 juin 1680, nouvelle réglementation qui entre plus dans le détail. Le mouton est tarifé à 3 patards, 3 patards 1/2, 4 patards la livre, suivant qu'il pèse de 20 à 36 livres, à 50 ou plus. Le porc, à 3 patards 1/2 ou à 3, suivant qu'il est d'excellente ou de médiocre qualité ; le bœuf, à 5 gros ou à 2 patards. Cette fois, l'amende est laissée à la disposition du juge et le délinquant est privé du métier. En 1687, nouvelle réglementation [2]. Entre temps, « pour l'accomodement du publicq », la ville avait décidé l'érection d'une boucherie (13 avril 1680) et louait les dix étaux qu'elle contenait. Ces étaux étaient loués à peu près suivant leur place, 10, 9 ou 4 florins, plus 10 patards pour les échevins. Mais dès 1686, la ville loua les étaux en bloc, moyennant une somme moyenne de 65 à 70 florins, à quelques bouchers [3].

D'après une ordonnance de 1680, les bouchers devaient exposer leurs viandes les jours ouvrables, de huit heures à onze heures du matin et de deux à quatre heures l'hiver, à cinq heures l'été. Ils ne pouvaient tenir étal les vigiles des fêtes solennelles

----

(1) Ibid., f° 43ᵛ.
(2) Ibid., f° 44ᵛ, 66ᵛ.
(3) Ibid., f° 44ᵛ, 63ᵛ.

non plus que les dimanches et fêtes, mais ils pouvaient vendre à l'intérieur de leur maison en dehors de l'heure des offices [1].

Le Cateau se servait de poids et mesures particuliers.

L'aune et la mencaudée qui y étaient employées dépassaient en grandeur ceux des pays voisins.

Pour les bois, on se servait du faisceau, mesure du Cateau, qui variait suivant qu'il s'agissait du bois de la forêt de Mormal, ou du bois « dit de France ». Pour les mesures de capacité, on se servait du mencaud, de la rasière de contenance plus petite que celle des localités voisines, du pot qui était de même contenance que celui de Lille [2].

La loyauté commerciale était assurée par la nomination faite par l'échevinage de mayeurs « establis pour la visite des mesures et poids de ceste ville, et des bierres qui s'y brassent, pour maintenement de la police ». Au nombre de trois, ces mayeurs, nommés tous les ans, prêtaient serment au magistrat et s'engageaient à faire leur inspection au moins une fois par mois. Ils devaient, de plus, avertir les échevins *semainiers* chaque fois qu'un brassin de bière se faisait. « Pour desgager ou adjourner les délincquans », ils étaient accompagnés dans leurs visites par un sergent [3].

---

[1] Archives du Cateau. Registre aux délibérations, f° 44ᵛ.

[2] DIEUDONNÉ. *Statistique du département du Nord*. Ce rapport fournit beaucoup de renseignements sur ce qu'était le commerce en 1789.

[3] Archives du Cateau. Registre aux délibérations, fol. 12.

L'institution d'une franche foire est encore indiquée en 1573 dans un octroi accordé par Louis de Berlaymont, conformément au 34ᵉ article des chartes de la ville. En 1691, l'archevêque de Bryas ratifia ce jour de franche foire par mois. Le traitant du droit de la confirmation des foires et marchés du royaume ayant voulu, en 1696, faire supprimer cette concession et s'étant plaint à M. de Bagnols, celui-ci écrivit à Fénelon : « Ne soiés pas en peine pour la châtellenie du Cateau-Cambrésis, on ne luy demandera rien pour la confirmation des foires et marchés, et le traitant a ordre de respecter tout ce qui vous appartient [1] ». Le marché avait lieu le 25 de chaque mois.

En 1781, l'archevêque rendit une ordonnance pour l'institution d'une foire de neuf jours commençant le 21 septembre, à midi, « avec telles franchises et libertés que tous marchands et autres personnes de quelles qualités de telles conditions qu'ils soient, peuvent y venir pendant ledit temps sans crainte d'y être arrêtés pour dettes, sinon pour celles dues aux seigneurs archevêques et à la ville ou pour autres dettes contractées à pareil jour de foire ». Pour que toutes personnes puissent jouir paisiblement desdites franchises, les contrevenants étaient punis d'une double amende [2]. On y vendait toute espèce de marchandise. Le premier jour était surtout réservé au marché de bestiaux. C'était une foire très importante surtout pour la vente des chevaux.

---

[1] Mémoire cité.
[2] Archives du Cateau, BB 1.

Enfin, des marchés avaient lieu le jeudi et le samedi, mais on n'y vendait guère que des grains, des légumes et du beurre.

Nous n'avons gardé que peu de renseignements sur les anciennes corporations. Nous savons seulement qu'en 1496, le châtelain Jean Creton donna un règlement aux tailleurs [1] et qu'il en fut donné un plus tard aux cordonniers [2].

On exploitait au Cateau des carrières de sable et de moellon blanc. On se servait de cette pierre pour la bâtisse ou la fabrication de la chaux, pour laquelle il existait trois fours. On fabriquait de même des briques.

Outre une amidonnerie et une fabrique de savons, on comptait en 1789 cinq fabriques de tabac et huit tanneries.

La fabrication du fil fin était, à la fin du XVIIIe siècle, une source de richesses et faisait vivre toute une catégorie d'artisans : rôtiers, tisserands, blanchisseurs. Parmi les nouveaux bourgeois reçus à la fin du XVIIe siècle, beaucoup sont indiqués comme « mulquinier de stil » [3].

Mais, en 1789, cette industrie périclitait. Beaucoup d'ouvriers sans travail étaient devenus mendiants ou voleurs. Dans cette circonstance, dom Maur, abbé de Saint-André, fit preuve d'une heureuse initiative en procurant à un nommé André Merlin

---

[1] Notes de dom Potier.
[2] Archives du Cateau, HH   .
[3] Archives du Cateau. Registre aux délibérations, *passim*.

une somme de 1.500 francs, destinée à acheter du lin
pour fournir du travail à ceux qui en demanderaient
et à fabriquer du gros fil. Cet essai réussit ; plus de
cinq cents personnes trouvèrent ainsi de quoi
subsister et l'abbé put faire connaître à la municipalité, quelque temps après, que cette œuvre avait
seulement coûté 100 francs par mois. Encore serait-il
aisé d'éviter cette perte dans la suite. Il demandait
donc au magistrat, vu le mauvais état des finances
de la ville, de faire au moins appel aux générosités
privées et proposait d'abandonner lui-même la somme
qu'il avait déjà avancée. De plus, il offrait à la ville
de se porter caution envers elle des sommes fournies,
à la condition que l'œuvre fût confiée à deux ou trois
personnes de probité connues. Le projet de dom
Maur ne fut pas mis à exécution. Le Conseil, qui
s'était réuni le 21 avril pour entendre la lecture de
ce mémoire et pour délibérer sur les mesures à
prendre, ne jugea pas que la ville pût essayer de ce
moyen de conjurer la misère. Les finances étaient,
disait-on, trop obérées ; d'autre part, il y avait au
Cateau trop peu de personnes aisées pour qu'il fût
possible de réunir les fonds nécessaires à l'installation
et au bon fonctionnement d'une filature. On se
borna à déplorer la misère des temps, on plaignit
beaucoup les pauvres, en faveur desquels on se
refusait à rien tenter ; on loua la magnanimité et le
bon cœur de l'abbé ; on émit le vœu qu'il continuât
à faire aux indigents tout le bien possible et on
décida que, pour perpétuer le souvenir de son zèle à
l'égard des malheureux, on transcrirait son mémoire

sur le registre des délibérations de la ville et qu'on exprimerait en même temps le vœu que la maison de Saint-André fût conservée au Cateau. Ce fut avec peine que dom Maur vit repousser une proposition si avantageuse pour les pauvres. A la veille de la Révolution, la fabrication des batistes et linons avait été abandonnée. Seule la fabrique de gaze occupait encore 35 métiers.

Pour favoriser le commerce, les archevêques apportèrent surtout, à la fin du XVIIIe siècle, un soin extrême à l'amélioration des routes. En 1779, une ordonnance de l'archevêque décide que l'entretien des chemins sera fait par la généralité des habitants partagée en diverses classes, suivant la difficulté des ouvrages. Ces habitants seront tenus de se rendre dans les ateliers aux jours et heures indiqués, sur le commandement qui leur en sera fait par le mayeur. En même temps, se construisait la chaussée de Cambrai, qui devait réunir cette ville au Cateau. Mais, pour un travail aussi coûteux, la ville et la châtellenie durent s'imposer des sacrifices ; Mgr Rosset de Fleury obtint du roi, par les différents arrêts du 18 mai 1756, du 14 avril 1761, du 24 novembre 1771, l'autorisation de lever, durant six années (jusqu'au 1er mai 1780), un octroi de 2 liards par pot de bière forte cabaretière et de 2 sols tournois par pot de vin. Le 5 novembre 1776, il obtint également un octroi de 2 liards par pot de cidre et poiré. Le produit de ces différents impôts devait permettre de continuer la construction de la chaussée de Cambrai.

Par les mêmes lettres patentes, la ville du Cateau était autorisée à contracter, pour l'employer à ces travaux, un emprunt de 30.000 livres : le tracé de la route l'obligeait, en effet, à exproprier plusieurs maisons du faubourg et divers terrains. Grâce à l'économie et à l'intelligence dont fit preuve l'ingénieur de la province, l'emprunt put être réduit à 16.700 livres. L'arrêt qui autorisait cet emprunt prescrivait au châtelain et aux échevins d'en opérer le remboursement avec le produit de l'octroi des six dernières années ; ce qui leur fut impossible. Aussi, en 1780, Mgr l'Archevêque sollicita-t-il une prolongation de douze années sur les octrois. Il l'obtint, mais il dut accepter les conditions suivantes : les fonds produits par les octrois seraient affectés aux travaux à faire à la chaussée, depuis le pont des Quatre-Veaux jusqu'à La Groise ; aux ouvrages qui restaient à exécuter sur la route de Cambrai ; à la construction d'une porte de ville ; au remboursement de l'emprunt de 16.700 livres et au paiement des intérêts ; à l'achat de divers terrains qui devaient faire partie de la chaussée ; à la porte Saint-Martin, placée trop bas et tombant en ruines, et à toutes les réparations à faire sur la route du Cateau à Cambrai.

Le châtelain et les échevins étaient autorisés à vendre les terrains de l'ancien chemin restés vacants par suite du nouveau tracé de la route (1). Tout ceci

---

(1) Ces lettres patentes portaient la mention suivante :

« Donné à Versailles le septième jour de juin de l'an de grâce 1780, de notre règne le septième.   « Signé : Louis.

« Par le roi, signé : PRINCE DE MONTBAREY. »

ne se fit pas sans réclamations et nous trouvons un écho de ce mécontentement dans une lettre que le député aux Etats généraux, Mortier [1], adressa à la société des Amis de la Constitution.

Il y avait au Cateau un service de poste ayant à sa tête un directeur. Les malles arrivaient et partaient tous les matins. Un service de voitures existait pour Cambrai les mardi, jeudi et samedi pendant l'été, les mardi et vendredi pendant l'hiver ; pour Landrecies, le service n'existait l'été, que les lundi et vendredi et l'hiver que les mercredis.

Nous avons signalé en leur temps les diverses compagnies bourgeoises qui assuraient l'ordre dans la cité. En 1785, fut créée une compagnie de sapeurs de trente hommes. « Ce corps portait un uniforme, assistait aux quatre processions ordinaires et escor-

---

L'archevêque dut verser, pour droit de marc d'or sur ces lettres, 1.560 livres.

L'acte de versement est signé par LENORMANT.

Voici les différentes mentions qu'on y trouve :

« Enregistré au contrôle général le cinquième jour de juin.

« Signé : GAUCHERET. »

« Collationné par nous, écuyer, conseiller secrétaire du roi, maison, couronne de France et de ses finances.

« Signé : COMBAULT. »

« Le 30 juin 1780, cet acte est communiqué au procureur général du roi.

« Signé : PROOST. »

« Le 3 juillet 1780, envoyé aux Etats du Cambrésis par le Parlement de Douai.

« Signé : CANQUELAIN. »

(1) Archives du Cateau. Période révolutionnaire. Société des Amis de la Constitution.

tait, dans les fêtes, le corps de ville qu'il prenait et reconduisait à la maison commune. La compagnie possédait un drapeau aux armes de la ville. Chaque sapeur touchait annuellement 12 florins et le capitaine, Louis Largillière, jouissait de l'exemption des droits sur la bière et sur le vin. La pompe à incendie, avec ses accessoires, fut d'abord remisée dans un hangar attenant au mur de l'abbaye, au marché aux chevaux ; plus tard, on l'abrita dans un local construit à cet effet sur le côté du cimetière Saint-Martin (1) ».

Il nous reste à faire connaître une institution due à la généreuse initiative des archevêques, si bien secondée dans tous les temps au Cateau par un magistrat intègre et dévoué, je veux parler de la table des pauvres, sorte de bureau de bienfaisance qui avait pour mission de soulager les malheureux. Les revenus de cette fondation, dont le capital était formé de terres et de rentes, s'élevait, en 1634, à 2.163 livres, 9 sols, 7 deniers, et les dépenses à 2.682 livres, 6 sols, 8 deniers. Cette institution avait un receveur et distribuait non seulement des secours en argent ou en nature, mais encore assurait le service médical (2) et l'instruction des enfants (3). Enfin, un

---

(1) CLOEZ. *Etude historique*, p. 97.

(2) « Au sieur de la Fontaine, pour avoir pensé plusieurs pauvres, selon qu'il est repris dans son état, 22 florins, 15 patars ». (Archives du Cateau, GG   ).

(3) « Quattorze florins, 8 patars à Nicolas le Grand, vivant clercq, pour avoir enseigné des pauvres enfans divers mois consécutifs ». (Archives du Cateau, GG   ).

fonds spécial, institué par Monseigneur Jonnart et désigné sous le nom d'aumône Jonnart, permettait encore de soulager des infortunes. Il était assez important, car, en 1793, on vendit plus de 120 mencaudées appartenant à cette fondation.

Le médecin recevait, pour ses soins, 50 florins, fournis moitié par la ville, moitié par la table [1]. La sage-femme recevait 14 florins, moitié de la ville et moitié de la table. Il lui était, de plus, alloué par la table six mencauds de blé et une paire de souliers. Avant d'exercer, elle devait soutenir un examen devant les médecins et, « pour le spirituel », devant les deux curés de la ville [2]. Des notes relevées dans les comptes semblent indiquer qu'il était, de plus, alloué des secours extraordinaires.

---

[1] Archives du Cateau. Registre aux délibérations, fº 42ᵛ. « Du 25 apvril 1679. — En l'assemblée de messieurs du magistrat a comparu le sieur Pierre Cresteau, lequel a esté admis et accepté docteur de ceste ville aux gages, honneurs, profits et émoluments ordinaires et accoustumés et nommément d'une pension de 25 florins sur le domain de ceste ville par chascun an et pareille pension sur la recepte des pauvres, à charge de les servir gratis en lui paiant sur la mesme recepte des pauvres les drogues quil leur aurat administré ».

[2] Ibid., fº 42ᵛ.

———

TROISIÈME PARTIE

LE CATEAU
AUX TEMPS CONTEMPORAINS

———

LA RÉVOLUTION AU CATEAU

Plus que d'autres villes peut-être, le Cateau allait souffrir des troubles qui amenèrent le changement de gouvernement. La lutte allait y être vive entre partisans de l'ancien et du nouveau régime, et à cette lutte allait se joindre l'invasion étrangère.

Le 8 août 1788, un arrêt du Conseil avait fixé la réunion des Etats Généraux au 1er mai 1789 ; le 27 décembre 1788, Necker fit décider que le tiers-état aurait à l'avenir une représentation double.

Le 24 janvier 1789, un règlement décida que les élections auraient lieu par baillages, dans le Nord ; des cahiers de doléance devaient être établis dans chaque commune par les habitants qui y étaient âgés de vingt-cinq ans au moins ; ces cahiers, transmis au baillage, seraient ensuite fondus en un seul. Les délégués du baillage, réunis au chef-lieu, devaient rédiger ce cahier de doléances et élire les députés aux Etats Généraux.

Périn [1] avait, en 1788, adressé aux notables un

———

[1] Avocat aux Conseils, agent à Paris du bureau permanent des Etats du Cambrésis.

mémoire où il réclamait pour le Cambrésis et Le Cateau une représentation distincte aux Etats Généraux ; mais les Etats du Cambrésis s'y opposèrent et la demande n'aboutit pas.

La convocation fut faite pour la province du Cambrésis le 27 mars 1789, par le marquis d'Estourmel.

Le dimanche 29, les curés de Saint-Martin et de Notre-Dame lurent au prône de la messe paroissiale les documents relatifs aux élections qui se préparaient. En conséquence, une première réunion électorale eut lieu le 3 avril, en l'église Saint-Martin, du Cateau. Tous les citoyens âgés d'au moins vingt ans, supportant les impôts, membres des corporations, des corps ou des communautés, appartenant au tiers-état, avaient été requis de prendre part à cette réunion. Ils devaient procéder à l'élection de six délégués qui se rendraient au chef-lieu du baillage. Trois cent trente-quatre membres de la cité étaient présents. Plusieurs habitants présentèrent des cahiers qu'ils avaient rédigés eux-mêmes ; aussi fut-il décidé qu'on ferait une nouvelle réunion, dans laquelle on examinerait ces différents cahiers qui seraient ensuite fondus en un seul. Vingt-sept commissaires furent élus pour procéder à l'examen de ces documents [1].

---

(1) C'étaient : MM. Nicolas Piérart, Antoine Charles Mortier, J.-B^te Triquet, Maximilien Bricout fils, Régis Rodriguez, Michel Barré, Adrien Chantreuil, Joseph Bricout le jeune, Louis Charles Vincent, Nicolas Hannequant, Debeaumont, Théophile Méresse, Jean-Marie Tilmant, Placide Goffart, Denis

Les réunions eurent lieu chez M. Charles Mortier, au n° 9 de la rue qui porte aujourd'hui le nom de rue du Maréchal-Mortier. Après en avoir discuté les termes pendant plusieurs jours, ils rédigèrent le cahier des doléances qui comprenait 43 articles [1].

Piérart le vieux, Xavier Rodriguez, Célestin Hannequant, Henri François Hannequant, François Egret père, Denis Gournez, Jovenau fils, Théodore Hiolin, Louis Ledieu, Joseph Dupont, François Mortier, officier, Henri Carlier, Constant Déjardin et J.-B^te Vienne fils.

[1] Ce cahier est intitulé : « Remontrances, représentations et doléances que font au roi les citoyens et habitants nés Français ou naturalisés de la ville du Cateau-Cambrésis, comprenant le tiers-état de cette ville ».

Dans les 43 articles de ce cahier, Sa Majesté est très humblement suppliée d'ordonner :

« Que les trois ordres se tiendront réunis et voteront par tête ;

« Que les Etats Généraux se rassembleront tous les deux ans ;

« Que la nation ne pourra rompre les engagements antérieurement contractés par l'Etat ;

« Qu'il ne pourra être établi aucun impôt sans le consentement de la nation ;

« Que les emprunts seront interdits, sauf pour parer aux besoins extraordinaires ;

« Que le ministre des finances sera comptable à la nation des sommes à lui confiées ;

« Que les impôts seront payés par tous sans exception et dans la mesure des biens et des revenus de chacun ;

« Que les impôts sur les boissons seront supportés par tous en proportion de la consommation et sans surélévation pour les débits de boissons ;

« Que les impôts fonciers seront prélevés d'après un état de déclaration des biens faite aux officiers municipaux, avec diverses pénalités pour les fausses déclarations ;

« Que la municipalité du Cateau sera chargée de l'assiette et

On ne recueillit que soixante-dix-huit signatures, un certain nombre de personnes présentes à cette réunion ne sachant pas écrire.

---

du recouvrement des impositions de la châtellenie, de concert avec dix commissaires choisis parmi les contribuables ;

« Que la corvée sera définitivement supprimée et remplacée par une prestation en argent ;

« Que les travaux à faire sur les grandes routes ne pourront l'être qu'après avoir été jugés nécessaires par la communauté ;

« Que toutes les classes seront assujetties au logement des gens de guerre, sans aucune distinction de charge ni d'office ;

« Que les droits féodaux, les droits sur les huiles, amidons et cuirs qui pèsent exclusivement sur la classe des roturiers seront supprimés ;

« Que les droits de dîme et de terrage seront remplacés par une prestation en argent de même valeur, réglée de gré à gré entre le propriétaire et le débiteur, et, en cas de contestation, par le corps municipal :

« Qu'il sera permis aux voyageurs qui n'auront pas trouvé de place dans les voitures publiques, de louer des voitures particulières, sans payer des redevances aux fermiers des messageries ;

« Que les lois civiles et criminelles seront réformées d'après les principes de tolérance pour les inculpés, d'égalité et de justice pour tous ;

« Que les frais de justice seront réglementés d'une façon claire et précise et affichés en double dans tous les greffes, afin que les plaideurs puissent en prendre connaissance ;

« Que la nomination des municipalités, receveurs et trésoriers sera laissée aux habitants qui, mieux que personne, connaissent la capacité, l'expérience et la probité de ceux qu'ils appellent à remplir ces charges ;

« Que le haut clergé ne pourra, par lui-même ni par ses préposés, exploiter terres, moulins, dîmes, terrages, prairies, bois, mais qu'il sera tenu de les rendre à bail et que les baux seront valables pour une durée de 9 ans, sans pouvoir être résiliés par les propriétaires avant leur expiration ;

On élut alors les six délégués qui devaient se rendre à Cambrai (1).

Le 14 avril, les trois ordres se réunirent dans l'église Saint-Sépulcre, à Cambrai, sous la présidence de Mgr de Rohan. Le député élu pour représenter le clergé fut l'abbé Bracq, curé de Ribécourt; le député de la noblesse fut le marquis d'Estourmel ; le tiers-état eut pour représentants Charles Mortier, négociant au Cateau (2) et Delambre, fermier à Boiry-Notre-Dame. Ces députés furent proclamés le 18 avril et prêtèrent serment.

Le cahier de doléances rédigé au Cateau fut fondu avec celui des Etats du Cambrésis ; Charles Mortier

---

« Qu'aucune aliénation de biens communaux ne pourra être faite sans le consentement de tous les habitants ;

« Que tout gros décimateur sera obligé de subvenir aux constructions extérieures et réparations des chœurs et nefs des églises et chapelles à sa collation ;

« Que pour le soulagement des malades, les communautés religieuses primitivement établies pour le service hospitalier devront reprendre leurs anciennes fonctions ;

« Que le droit de chasse sera étendu à toutes les classes moyennant rétribution ;

« Que tout droit de propriété sera déclaré inviolable et qu'il n'y sera porté atteinte que dans l'intérêt public et moyennant une juste rémunération ;

« Et enfin, pour le surplus des demandes qui pourraient concourir au bien de la nation, les habitants de la ville du Cateau-Cambrésis s'en réfèrent à la sagesse de Sa Majesté et aux Etats Généraux. »

(1) C'étaient : MM. Antoine-Charles Mortier, Maximilien Bricout fils, J.-B. Triquet, Nicolas Piérart, Adrien Chantreuil, Louis-Charles Vincent.

(2) Père de celui qui fut le maréchal Mortier.

fut chargé de présenter à l'Assemblée nationale le cahier du tiers-état.

Mais la population se ressentait de l'effervescence générale ; quelques émeutes se produisirent ; des particuliers se virent menacés dans leurs personnes et leurs propriétés ; des attroupements se formèrent devant le palais, l'abbaye et les couvents. Comme la milice de la ville manquait d'armes, l'administration en demanda au Quesnoy et à Valenciennes. Le gouverneur de cette dernière ville refusa catégoriquement ; il craignait que ces armes ne fussent détournées de leur destination. En juillet 1789, on créa au Cateau une garde nationale. Elle comprenait huit compagnies de chacune quarante-trois hommes, qui s'engageaient à fournir un service militaire volontaire et gratuit.

La lecture des décrets du 4 août, qui prononçait l'abolition de tous les privilèges, fut faite au Cateau, au prône de la messe paroissiale, et fut suivie d'un *Te Deum* pour la proclamation de l'égalité des Français.

En octobre 1789, Mgr de Rohan ayant voulu nommer un trésorier massart, les habitants du Cateau le prient, dans une pétition, de leur laisser le choix de ce fonctionnaire. Le prélat accède à leur requête. Ils nomment alors Maximilien Bricout.

Après les journées des 5 et 6 octobre [1], une grande agitation règne au Cateau dans le peuple, qui est poussé à la révolte par des meneurs venus de

---

[1] Les 5 et 6 octobre 1789, la populace parisienne va chercher à Versailles le roi et sa famille et les ramène à Paris.

Cambrai. Le magistrat se vit dans la nécessité de proclamer la loi martiale : on arbora le drapeau rouge au balcon de l'Hôtel de Ville ; après trois sommations, il fut permis de faire feu sur les rebelles. L'énergie témoignée en cette circonstance fit rentrer dans le devoir une partie des émeutiers et un calme relatif se rétablit dans la ville.

Le 25 octobre 1789, fut publié, au Cateau, le rôle des contributions ; il avait été établi d'après les anciens règlements ; mais un rôle supplémentaire imposa les biens de ceux qui, autrefois, étaient privilégiés en matière d'impôts.

Devant la crise économique qui sévissait partout et qui atteignit notre ville, il y eut un arrêt dans le mouvement des affaires ; le magistrat du Cateau dut s'occuper d'acheter des grains. Afin de pouvoir soulager la misère publique par des distributions hebdomadaires de pain, il fit appel à la charité ; dans cette occasion, Mgr de Rohan donna 2.400 livres et dom Maur, abbé de Saint-André, 2.600.

Le 10 janvier 1790, on publia au prône de la messe paroissiale, dans les églises Saint-Martin et Notre-Dame, un décret en vertu duquel la municipalité devait être élue par tous les citoyens actifs de la commune (1) et maintenue dans ses fonctions durant

---

(1) Pour être citoyen actif, il fallait être Français, être âgé de 25 ans au moins, être domicilié dans la commune depuis un an, payer une contribution égale à la valeur locale de trois journées de travail (chaque journée était évaluée à 20 sols) et n'être point serviteur à gages.

deux ans. Les diverses dispositions prises pour l'exécution de ce décret furent publiées au prône de la messe paroissiale le dimanche 17 janvier, et la liste des électeurs et des citoyens éligibles (1) fut affichée à la porte de la mairie.

Le 15 janvier 1790, fut rendu un décret qui divisait la France en quatre-vingt trois départements, chaque département en districts et chaque district en cantons. Le département du Nord fut partagé en huit districts. Le Cateau fit partie du district de Cambrai ; il devint le chef-lieu d'un canton qui comprenait vingt-et-une communes. Le vœu des habitants eût été de voir la ville devenir le chef-lieu d'un district qui aurait compris l'ancienne châtellenie, ainsi que le canton de Solesmes ; ce vœu ne reçut point satisfaction.

Le lundi 25 janvier était le jour fixé pour l'élection des officiers qui devaient administrer la commune. L'assemblée des électeurs se tint dans l'église Saint-Martin. On procéda d'abord à la constitution des bureaux, puis au vote. Charles Mortier fut élu maire. Le deuxième jour, on s'occupa de l'élection des officiers municipaux (2). Le troisième, on élut les notables. Le nombre en avait été fixé à dix-huit (3).

---

(1) Pour être éligible, il fallait remplir les conditions requises pour être électeur, et payer en outre une contribution équivalente à dix journées de travail.

(2) MM. Antoine-Régis Rodriguez, Jean-François Labetous, Henri-François Hannequant, Jean-Marie Tilmant, J.-B. Triquet, J.-B. Vienne, Usmar Bonnaire, François Grozo.

(3) MM. Augustin Ghesquière, Placide Goffart, Louis Cousin, Théophile Mairesse, J.-B. Denisse, Charles Dupont, Debaumont

J.-B. Vienne père fut nommé procureur de la commune. La réunion des officiers municipaux et des notables constituait le Conseil général. C'était la première fois que la nomination des fonctionnaires chargés de l'administration de la ville n'était point faite par l'archevêque. Cependant, presque tous les élus appartenaient par leurs convictions à l'ancien régime, et ils avaient, pour la plupart, rempli antérieurement des charges dans la cité.

Il avait été provisoirement accordé des attributions judiciaires aux officiers municipaux, en attendant que l'organisation de la justice fût régulièrement établie. Dans une séance du tribunal (12 mars 1790), un conflit éclata entre la nouvelle administration du Cateau et les anciens échevins, qui se croyaient en droit d'exercer leurs fonctions jusqu'à la nomination des juges. On en déféra à l'Assemblée nationale qui donna gain de cause aux échevins. Au lieu d'apaiser la lutte, cette décision ne fit que la rendre plus âpre. Le conflit se termina par la démission de J.-B^te Vienne, ancien échevin, qui faisait partie de la nouvelle municipalité et par la victoire du corps municipal.

Le premier soin de l'administration fut de délibérer sur le don patriotique prescrit par l'Assemblée nationale ; une liste de souscription fut mise en circulation. Les officiers municipaux s'y inscrivirent

---

fils, François Goffart, Joveneau fils, Louis-Charles Vincent, François Chantreuil, Célestin Hennequant, Toussaint-André Sculfort de Beaurepas, Constant Déjardin, Pierre-François Jesquy, Maximilien Bricout, J.-B. Piettre, Narcisse Laurent.

en tête (17 avril 1790). Les finances de la ville étaient obérées ; les revenus des fabriques suffisaient à peine aux besoins du culte. Pourtant, on voulut faire preuve de bonne volonté. Il fut donc décrété que la ville offrirait onze couverts d'argent, plus une fourchette ; que Saint-Martin donnerait 400 florins, Notre-Dame 100 ; on imposa aussi les communautés, sauf le couvent des Récollets, qui ne possédait rien. Cette contribution souleva des réclamations qui furent présentées au district de Cambrai. On demandait, mais en vain, le maintien des droits des anciens privilégiés.

Le 26 mai, eut lieu au Cateau l'assemblée primaire, chargée de nommer les quatre délégués qui devaient se rendre à Douai et y prendre part à l'élection des conseillers généraux pour le district et le département. Le 2 août 1790, le directoire départemental fut définitivement installé à Douai. C'en était fait des Etats provinciaux.

Le 14 juillet 1790, jour anniversaire de la prise de la Bastille, on célébra au Cateau, comme dans toute la France, la fête de la Fédération ; une députation de la garde nationale fut envoyée à Lille, pour y prêter serment de fidélité à la nation, à la loi et au roi. Au Cateau, tous les fonctionnaires et tous les membres du clergé furent convoqués à l'Hôtel de Ville. Du haut du balcon, on lut au peuple la formule du serment ; il l'accepta. La fête se termina par une ronde qui s'organisa sur la grand'place.

Le recouvrement des impôts surtout se faisait avec une extrême lenteur ; aussi, la nouvelle municipalité fut-elle taxée de négligence par le district ; elle reçut l'ordre d'en hâter le recouvrement pour 1789 et d'activer la confection des rôles pour 1790 (août 1790).

Dès le début de l'époque révolutionnaire, nous avons noté l'existence au Cateau d'un fort contingent de partisans de l'ancienne administration. Nous allons suivre maintenant la lutte qui s'engage entre les deux partis.

Le 29 novembre 1790, les électeurs du Cateau sont appelés à nommer un juge de paix. A cette occasion, un conflit s'engage. Les partisans de l'ancien régime mettent en avant la candidature de J.-B^te Vienne ; ceux de la Révolution agissent en faveur de Henri Hennequant. La lutte est acharnée. Enfin, au troisième tour de scrutin, Henri Hennequant l'emporte sur son compétiteur. MM. Triquet, Bricout et Vienne, nommés assesseurs, refusent de siéger à ses côtés ; ils sont remplacés par MM. Joveneau fils, François Mortier, Théodore Hiolin et François Grozo qui, tous, partagent les opinions du nouveau juge de paix.

Le 6 décembre 1790, on renouvela par voie d'élection la moitié du Conseil général de la ville. Cette fois encore, l'entente ne se fit qu'au troisième tour de scrutin. Les candidats qui furent nommés, étaient, pour la plupart, des hommes sages et prudents [1]. Le premier soin de ce Conseil fut de percevoir les contributions en retard pour 1790 et de fixer pour les

---

[1] M. Charles Mortier était alors maire de la ville, M. Dehaussy, curé de Saint-Martin, M. Fleury, curé de Notre-Dame, M. Beaucourt, directeur de poste.

anciens privilégiés les impôts du deuxième semestre de 1789 [1]. En outre, plus de deux cents habitants contribuèrent, en 1790, au don patriotique réclamé par l'Assemblée. Parmi les plus généreux donateurs étaient MM. Triquet, Hennequant Henri (200 l.), Debeaumont père et fils, Philippe Delhaye, Villette (1500), d'Honnechy ; les abbés Dehaussy et Fleury, les religieux de Saint-André, MM. Lefebvre, Macron, Joveneau, Sculfort (900), Labetous (1200), Jesquy et Mortier (200) [2].

---

[1] La ville avait été taxée pour cette même année à 9.134 livres, soit pour chaque semestre, à 4.567 livres. L'évaluation des biens de l'archevêché montra que l'archevêque possédait la moitié des propriétés du Cateau ; son rôle de contributions pour le deuxième semestre de 1789 fut porté à 2.283 livres ; l'impôt sur la bière et le vin fut calculé d'après la consommation du premier semestre de 1789. L'abbaye avait, pendant ce laps de temps, consommé 103 tonnes de bière et 33 pièces de vin ; elle eut à payer à raison de 6 deniers par tonne de bière et de 7 florins 16 patars par pièce de vin, 488 livres pour 103 tonnes de bière et 33 pièces de vin. Le couvent du Saint-Esprit paya pour 38 tonnes de bière et 3 pièces de vin ; Saint-Lazare pour 36 tonnes de bière et 4 pièces de vin ; les Récollets pour 50 tonnes de bière et 5 pièces de vin. Les autres privilégiés, les abbés Dehaussy, Fleury, l'abbé Ghillet, du Pommereuil, l'abbé Lucas, de Mazinghien, les abbés Gilleron et Canonne, vicaires ; Nicolas Piérart, capitaine de la bourgeoisie, Hennequant et Bricout, lieutenant et sous-lieutenant, Largillière, capitaine des pompiers, Dey, suisse du palais, Moreau, receveur de l'archevêché, Augustin Collet, maître des postes, reçurent aussi leur rôle de contributions. — Archives communales du Cateau. — Période révolutionnaire. — Comptabilité 1.

[2] Archives communales du Cateau. — Période révolutionnaire. — Divers 3.

Au mois de février 1791, une Société d'Amis de la Constitution se forma dans la ville à l'instigation de Charles Mortier qui, en sa qualité de député du tiers-état, résidait à Paris. Chaque jour, il envoyait à ses amis des numéros du journal des Amis de la Constitution, organe du club des Jacobins, et il les pressait de se réunir afin de lutter, par tous les moyens possibles, contre la Société des Amis de l'ordre, qui avait été fondée pour le maintien des droits de la religion.

La Société des Amis de la Constitution eut d'abord pour siège une maison située rue du Collège ; le citoyen Bénézet, ami intime de Charles Mortier et affilié au club des Jacobins de Paris, en fut nommé président. Les membres fondateurs étaient : Préfontaine, Edouard Mortier (1), Leblond, Déjardin, affilié à la Société de Cambrai ; César Egret, Romain Sartiaux, Siraux, apothicaire ; Xavier Lacourte. Dès le début, les membres suivants furent reçus dans la Société : Joveneau, Henri Egret, Derbécourt, Martin, Piérart, Debeaumont fils, Louis Wuillaume, Hiolin, Pierre Lorgne et Charles Vincent.

A peine l'association fut-elle constituée qu'on en fit part à la Société de Cambrai, dont on réclama l'appui et les conseils (25 février 1791). La réponse arriva le 2 mars. On félicitait chaudement les patriotes de leur zèle pour le bien public et on ajou-

---

(1) Déjardin et Debeaumont furent nommés assesseurs ; Edouard Mortier fut secrétaire.

tait : « Puisse le patriotisme brûlant qui vous anime embraser tous les cœurs de vos concitoyens et sauver l'honneur d'une ville qui, jusqu'ici, n'a point paru faire partie de l'empire français [1] ».

Peu de temps après, la Société des Amis de la Constitution sollicite et obtient du district l'autorisation de tenir des séances publiques dans la salle à manger du palais.

Le 14 mars 1791, le curé de Montay lui-même donna son adhésion à la ligue ; mais il se contenta d'avoir avec Bénézet des rendez-vous pour lesquels on choisit la demeure d'un cordonnier, rue du Collège, n° 4. Dans ces tête-à-tête, étaient élaborées les résolutions adoptées ensuite en séance publique. Il fut suivi plus tard par le curé Boursiez, domicilié au Cateau, et l'abbé Bricout, curé de Maurois.

Les réunions populaires avaient lieu deux fois par semaine ; on y émettait des vœux et des résolutions propres à imposer à la ville des idées révolutionnaires. A la vue de cet état de choses, MM. Usmar Bonnaire, Théophile Méresse et Labetous, officiers municipaux, Régis Rodriguez, secrétaire du Conseil [2], donnèrent leur démission. Ils furent remplacés par MM. Constant Déjardin, Joveneau et Ghesquière ; François Bricout fut nommé secrétaire du Conseil.

Dans une de ses premières réunions, la Société adressa à la municipalité un vœu tendant à faire

---

[1] Archives communales du Cateau. Ibid. : Société des Amis de la Constitution.

[2] Régis Rodriguez fut nommé greffier de la justice de paix.

abolir les distinctions observées jusqu'alors aux funérailles des habitants, selon leur condition et leur fortune, afin qu'un même cérémonial fût observé pour les enterrements : mêmes sonneries de cloches, mêmes ornements, mêmes offices. La municipalité, qui commençait à craindre les Amis de la Constitution, accéda à ce vœu ; mais il n'en fut pas de même du peuple. Lorsqu'au premier enterrement de pauvre il entendit sonner toutes les cloches, qu'il vit porter la croix d'argent et accomplir toutes les cérémonies ordonnées, il s'indigna et une mêlée scandaleuse eut lieu à la suite du convoi. Ces faits furent sans doute dénoncés au district, car le Conseil ne tarda pas à recevoir de Cambrai l'ordre de faire mieux respecter à l'avenir ses ordonnances.

Le 15 mars, les Amis de la Constitution jugèrent convenable de régler leur affiliation avec la Société de Cambrai. Bénézet et Edouard Mortier furent délégués à cet effet. Ils devaient aussi commander un cachet spécial avec cette inscription : « *Vivre libre ou mourir. Société des Amis de la Constitution au Cateau* » et faire imprimer des cartes d'entrée qui seraient nécessaires pour être admis aux séances et trois cents exemplaires du règlement qui seraient distribués aux adeptes. Le texte de ce règlement, qui était sans doute rédigé sur le modèle de celui de Cambrai, ne nous a pas été conservé.

La Société du Cateau s'unit aussi avec celle de Catillon, qui promet de lui prêter main-forte au besoin, avec celles de Valenciennes, de Dunkerque, de Bergues, d'Avesnes, de Landrecies, d'Arras ; cette dernière la félicite chaleureusement « *de ce que ses membres ont banni de leurs rapports toute espèce de cérémonial* (1) ». Bientôt, le directoire de Cambrai enjoignit à la municipalité de dissoudre la Société des Amis de l'Ordre et la Société rivale s'affilia au club des Jacobins, à Paris. Elle avait été patronée en ces termes par la Société de Cambrai : « *La Société des Amis de la Constitution du Cateau, qui a fait partie longtemps de la nôtre et qui prend aujourd'hui un arrondissement qui nous console de l'aristocratie de la ville qu'elle habite, doit vous demander d'être du nombre de vos affiliés. Nous pouvons vous assurer que nulle Société n'a jamais mérité plus votre accueil, puisqu'aucune n'a trouvé plus d'obstacle à son établissement, soutenu plus de combats, ni par conséquent montré plus de zèle pour la chose publique* ».

L'installation du curé constitutionnel Grébert provoqua la démission d'hommes qui faisaient fonction d'officiers municipaux : MM. Placide Goffart, Augustin Morcrette, Sculfort de Beaurepas, J.-B. Vienne fils et Maximilien Bricout. Tilmant se trouve alors à la tête des affaires, Charles Mortier étant absent. Il écrit au directoire du district de Cambrai, fait retomber la responsabilité des derniers troubles sur les prêtres et les Amis de l'Ordre et obtient un ordre d'expulsion pour les prêtres de la ville ; défense est faite à ces derniers d'approcher du Cateau de plus de six lieues. Le colonel Mortier est chargé de l'exécution de ce décret.

---

(1) Archives communales du Cateau. Ibid.

Les notables, assemblés à l'Hôtel de Ville, protestent, mais sans succès, contre une mesure qui condamne à l'exil soixante bons citoyens dont la conduite est irréprochable et qui ne se sont jamais mêlés à aucune bagarre.

Mais Tilmant revient de Cambrai avec un membre du directoire chargé de constater l'état de la ville. Après le rapport que fait celui-ci, un bataillon de grenadiers de La Fère et un détachement de dragons de Valenciennes occupent la ville qui est mise en état de siège. Le premier acte de cette garnison est l'expulsion des prêtres. La population en témoigne son indignation aux soldats qui répondent aux injures par la brutalité.

Un sous-lieutenant de La Fère, nommé Derive, ayant remarqué que les armes de Fénelon et celles de la ville ornaient encore la façade de la mairie, crut bien mériter de ses chefs en les enlevant, sous le prétexte qu'à La Fère et dans d'autres localités, on avait depuis longtemps fait disparaître ces restes de l'ancien régime. Il arracha d'abord l'écusson en fer doré surmonté d'une couronne de comte qui portait les armes de la ville ; puis, avec l'aide de deux de ses camarades, il abattit les armes de Fénelon sculptées au frontispice de la tour. Le soir, une querelle éclata à ce sujet entre un capitaine du régiment et MM. Vienne père et fils, Largillière et Leclercq ; les soldats prirent parti pour leur capitaine ; une lutte s'engagea. Largillière et Leclercq furent garottés par les soldats et emmenés au poste où ils passèrent la nuit.

Le Conseil général désirait vivement que cette affaire s'arrangeât à l'amiable; afin de rétablir l'entente, il convoqua à l'Hôtel de Ville les principaux officiers; ceux-ci insultèrent si grossièrement la municipalité qu'il ne fallut plus songer à un accord possible entre la garnison et les habitants. On en référa alors au général en chef de l'armée du Nord, M. de Rochambeau, qui, après enquête, éloigna le régiment et le remplaça par un autre moins turbulent.

La répartition et le recouvrement des impôts se faisaient d'une façon défectueuse; les comptes étaient mal tenus et en retard. En octobre 1791, le trésorier général réclama à la ville une somme de 30.194 livres, qui constituaient l'arriéré des contributions des trois dernières années; le maire, Tilmant, et le trésorier massart étaient déclarés responsables et leurs biens personnels menacés d'une saisie. L'administration se mit à l'œuvre; les communes de Catillon et de Basuel, qui étaient redevables de sommes importantes, durent rembourser immédiatement, et bientôt les agents du fisc obtinrent pleine satisfaction [1].

En novembre 1791, on renouvela le Conseil général de la ville. Il avait été décidé au dernier moment que les élections se feraient dans l'église Saint-Martin; mais J.-B. Bricout et Denis Piérart, élus, l'un secrétaire du bureau, l'autre scrutateur, refusèrent de s'y rendre. Presque tout le parti de la réaction

---

[1] Archives communales du Cateau. — Période révolutionnaire. — Comptabilité 2, 3.

s'abstint de voter, de sorte que les révolutionnaires triomphèrent sans peine [1].

Dès son installation, le conseil s'occupa de faire rédiger le rôle des contributions qui avaient été fixées pour l'année à 22.039 livres 25 sols. L'archevêque, qui se trouvait alors en Belgique, fut imposé pour une somme de 9.228 livres. Afin de maintenir ses prétendus droits, la ville se constitua gardienne des meubles et effets laissés au palais; les scellés furent apposés sur dix-sept portes et une garde de volontaires y fut installée [2].

Au Cateau, comme ailleurs, les assignats n'avaient pas tardé à tomber en discrédit. La monnaie de bronze manquait complètement; c'est pourquoi Gournet et Tilmant délégués à Douai (8 février 1792), afin de solliciter un secours au nom de la municipalité. On ne pouvait rien refuser à d'aussi bons patriotes; un bureau d'échange fut donc établi dans la ville. Il ne fonctionnait que le dimanche. Pour être admis à l'échange, il fallait présenter une carte délivrée à la mairie : les chefs d'usine, ceux qui occupaient des travailleurs, les ouvriers et les pauvres y avaient droit.

Vint l'époque du Carnaval, que l'on voulut fêter

---

[1] L'administration fut exercée par MM. J.-M. Tilmant, maire ; Siraux, Gournet, Lefebvre-Dubacq, Romain-Sartiaux, Hiolin, officiers municipaux, Egret père, Lacombled père, François Poiteau, Jean-Philippe Lacourte, Brunelet, Gransart, Louis Soufflet, Martin Piérart, Constant Labbé.

[2] Ibid. Emigrés 5.

comme de coutume. Mais plusieurs habitants, à cette occasion, chantèrent dans les rues des chansons royalistes. Ce fut le signal d'une sévère répression (16 février 1792). Il fut interdit, pour les deux derniers jours, de se livrer à aucune sorte de divertissement public.

Cependant, la municipalité du Cateau craignait le parti réactionnaire de cette ville ; un arrêté du département frappa d'expulsion les prêtres réfractaires qui se trouvaient au Cateau ; de plus, sous prétexte que la garde nationale ne comprenait que 240 hommes mal armés et en majorité attachés à l'ancien régime, on en décréta le licenciement ; on décida que des perquisitions seraient faites à domicile, pour confisquer toutes les armes qu'on pourrait trouver et rechercher les prêtres non assermentés.

Le maire Tilmant fit venir à cet effet 60 individus de Troisvilles et d'Inchy (mai 1792). Des scènes regrettables se passèrent alors. Nous en citerons une.

Le 19 mai 1792, Tilmant, accompagné de 10 hommes, fait au café Largillière une perquisition sans résultat. Une heure plus tard, Sartiaux, officier municipal, se présente dans le même établissement, avec 40 hommes, Largillière lui fait observer que quelques hommes eussent suffi ; il s'en faut de bien peu qu'on ne lui fasse un mauvais parti ; mais, lorsqu'au cours de la perquisition, on met la main sur quelques cartouches, l'exaspération est au comble. Largillière et un autre Catésien nommé Richard sont traînés à travers les rues aux cris de : « A la lanterne ». Ce n'est qu'au prix de grands

efforts que le maire parvient à apaiser la populace.
Après avoir passé la nuit à la prison, Largillière et
Richard sont relâchés; mais ils se voient obligés de
quitter la ville.

Des faits analogues se renouvelaient fréquem-
ment; aussi un certain nombre d'habitants, pris de
peur, résolurent de s'expatrier ; ils s'enfuirent en
Belgique. La municipalité dressa la liste de tous
ceux qui, pour un motif quelconque, avaient quitté
Le Cateau; les scellés furent apposés sur leurs
maisons; leurs biens furent séquestrés (1). Quelques
mois après, cette liste s'augmentait de 60 noms.

Cependant, les changements opérés en France
avaient alarmé les souverains de l'Europe. Le roi de

---

(1) Etat nominatif des émigrés de la commune du Cateau, de
leur nom, surnoms, ci-devant états, etc. :
« De Rohan, archevêque ;
« Jean-Baptiste Dez, fils du suisse de l'archevêché ;
« Bonnaire, fils d'Usmar ;
« Dupont, fils de Joseph ;
« Delhaye, cultivateur, neveu de l'abbé de Saint-André ;
« Gallonde, fils de famille ;
« Duchemin, rentier, fanatique à l'excès ;
« Lancelle, fils de Joseph ;
« Collot, religieux prémontré ;
« L'abbé de Saint-André ;
« Cattet, fils de François, tonnelier ;
« Milot, ci-devant garde du corps ;
« Soufflet, ci-devant moine de l'ordre des Bernardins, à
Maroilles ;
« Lévèque, ci-devant récollet. »
Cette pièce fut plus tard fournie par la municipalité aux
commissaires de la Législative.

Prusse et l'empereur surtout avaient, dès le début, témoigné leur hostilité envers la France. Pressé par le ministère girondin, Louis XVI déclara la guerre à l'Autriche (16 avril 1792).

Le 5 mai 1792, le maire du Cateau fait du haut du balcon de l'Hôtel de Ville, au peuple assemblé sur la Grand'Place, lecture de la déclaration de guerre et de l'arrêté du Corps législatif, concernant les principes qui dirigeront pour les hostilités la conduite de la France.

Dès le début, on cherche à connaître les forces et les ressources du pays. Toutes les fermes sont visitées avec soin. On règle la quantité de grains et de fourrage qui peut être mise à la disposition de l'armée.

La guerre s'ouvre par des revers ; nos soldats, qui avaient pénétré en Belgique, en sont chassés ; la France est envahie au Nord. Bien que protégé par les places fortes de Valenciennes, Le Quesnoy et Landrecies, Le Cateau se trouve dans un péril imminent. En juin 1792, les uhlans étaient presque arrivés déjà aux portes de la ville.

Le 20 juillet, lecture de la proclamation de l'Assemblée est faite au Cateau. L'approche du danger allume les courages et fait cesser un moment les divisions politiques. Une grande animation règne dans la ville.

Le 25 juillet, l'arbre de la liberté est planté sur la Grand'Place, à l'endroit où s'élève aujourd'hui la statue du maréchal Mortier. Le curé assermenté, Grébert, en fait la bénédiction solennelle.

A partir du 26 juillet 1792, un bureau permanent composé d'un officier municipal et de deux notables, siège à l'Hôtel de Ville pour l'inscription des volontaires ; la présidence en est confiée à Constant Déjardin. Un guetteur est installé jour et nuit au beffroi ; la garde nationale est réorganisée, la gendarmerie, les agents de la force publique sont sous les armes. Le contingent avait été fixé pour le canton à soixante-dix hommes et pour la ville à vingt-cinq hommes. Ce contingent est atteint en deux jours. En tête de la liste figure Edouard Mortier, qui gagnera à la pointe de l'épée son bâton de maréchal.

La ville ne reste pas en dehors du mouvement général ; elle s'engage à équiper quatre cavaliers et à donner aux volontaires, en dehors de leur solde, 30 sols par jour. Les suspects sont surveillés avec la plus grande vigilance. Des commissaires délégués du district dressent l'inventaire des argenteries, cuivres, plombs, fers, etc..., qui se trouvent aux couvents de Saint-Lazare et de Saint-Esprit et les font transporter à Cambrai. On dépose à l'Hôtel de Ville tous les meubles, ornements, objets d'or et d'argent qui appartiennent à l'église Saint-Martin. Tout ce qui, parmi les objets se trouvant dans l'abbaye, les couvents, peut servir au campement des troupes, est envoyé à Cambrai. Les meubles et les biens des émigrés sont mis en vente. On réquisitionne pour l'armée les chevaux de luxe. Une taxe du prix du pain est établie. Plusieurs boulangers qui refusent de s'y conformer voient leurs fours démolis.

En août 1792, des députés de la Législative

viennent au Cateau pour se rendre compte de la situation et relever la liste des émigrés. Leur rapport n'est pas favorable à la ville. Ils y signalent ses moyens insuffisants de défense et constatent la pauvreté de la cité, où il faudrait construire un hôpital pour deux mille pauvres et envoyer six mille quintaux de blé ; ils appellent en même temps l'attention sur quelques prêtres non assermentés qui s'y trouvent encore et qu'il faudrait « renvoyer à Cayenne, isle d'Afrique, où le fanatisme est inconnu [1] ».

Peu de temps après cette visite, le maire reçut du district ordre d'expulser ces prêtres ou de les incarcérer. Tilmant ne voulut pas se souiller d'un crime ; il prévint les intéressés, leur délivra des passeports et veilla à ce qu'ils pussent se retirer sans être inquiétés. Aussi, lorsque les fameux gendarmes dits coupe-têtes, qui, après avoir participé aux massacres de l'Abbaye [2], avaient terrorisé Cambrai, envoyèrent au Cateau des éclaireurs avec mission de voir s'il ne restait pas de besogne à faire, ceux-ci purent constater que « la ville était purgée de tout réactionnaire ». Ils se bornèrent à briser les blasons, images, écussons, fleurs de lis qui blessaient leurs regards.

Cependant, les hostilités sont menées avec vigueur.

---

[1] Archives du Cateau. — Période révolutionnaire. — Administration 2.

[2] Ancienne prison de Paris qui fut le théâtre des massacres des 2 et 3 septembre 1792.

Une grande victoire, celle de Valmy, remportée par Dumouriez (20 septembre 1792), arrête l'invasion prussienne. Dans le Nord, les Autrichiens sont obligés de lever le siège de Lille (octobre 1792). Du 24 octobre au 3 novembre, Le Cateau voit passer dans ses rues les volontaires de Dumouriez revenant de Valmy et se dirigeant vers la Belgique. Parmi eux, se trouvaient quatre enfants de la cité : André Sarcy, caporal; Philippe Pantigny, grenadier; Jean-Baptiste Lefebvre, grenadier et Gérard Lefebvre, sergent-major.

Le 6 novembre 1792, Dumouriez, par la victoire de Jemmapes, s'empare de la Belgique.

Pour célébrer le succès des armées françaises, la Convention ordonna une fête civique. Cette fête eut lieu, au Cateau, le 9 novembre. Pour la première fois, la *Marseillaise* fut chantée publiquement dans la ville avec accompagnement de musique. Quelques vers, composés par un chasseur à cheval qui appartenait au 6ᵉ régiment, cantonné au Cateau, furent, sur l'ordre de la municipalité, affichés à l'arbre de la liberté ; tous défilèrent devant cette inscription (1).

---

(1) Voici ces vers, qui sont d'une médiocre valeur littéraire :

  « C'est dans ce lieu, soldats, où régna la discorde,
  Où la haine jadis distillait ses fureurs,
  C'est là qu'il faut jurer amour, union, concorde,
  Et chasser pour toujours l'envie et ses noirceurs :
  Destruction des tyrans, c'est notre cri de guerre ;
  Bonheur et liberté, c'est celui de la paix ;
  Courons, volons venger les peuples de la terre,
  Briser leurs fers pesans n'appartient qu'aux Français. »

Le 18 novembre 1792, on procède au renouvellement du Conseil général de la commune. Le maire
Tilmant est réélu ; Triquet, Bricout et Hannequant,
nommés officiers municipaux, refusent une charge
qui leur semble trop pleine de responsabilités et trop
périlleuse. Gournet se retire également.

Les rigueurs redoublent, en effet, envers les
ennemis de la Convention. On arrêtait les citoyens
soupçonnés d'hostilité ou même d'indifférence pour
le gouvernement. Le 21 mai 1793, plusieurs personnes
du Cateau sont conduites à Cambrai ; les scellés sont
apposés sur leurs papiers. La crainte s'empare d'un
grand nombre d'habitants, qui se hâtent de se mettre
à l'abri des soupçons et des arrestations. Bricout le
jeune, secrétaire du Conseil, est dénoncé comme
suspect ; mais il a le temps de fuir avant qu'on ne
se présente chez lui pour l'arrêter.

L'administration est organisée d'une manière
déplorable. Le corps des notables est réduit à quelques

La Municipalité les approuva par la déclaration suivante :

« Vu en municipalité la pièce de vers ci-dessus, et voulant
récompenser les auteurs du titre, de la valeur militaire et du
civisme dont elle offre le spectacle, nous ordonnons qu'elle sera
exposée à l'arbre de la liberté dans un placard, de manière
qu'elle obtienne la publicité de ses mérites. Fait à la maison
commune en la cité du Cateau, ce 8 novembre 1792, l'an Ier de
la République française.

P. SARTIAUX,   DEJARDIN,   GOURNET,
« JOVENEAU fils, municipal. »

(Archives du Cateau. — Période révolutionnaire. — Affaires
militaires 2).

membres ; les réunions du Conseil cessent d'avoir lieu. La ville est d'ailleurs tellement dépeuplée, qu'à la mort du procureur Chevalier il ne se trouve que quarante-trois votants pour prendre part à l'élection de son successeur.

En juillet 1793, arrive au Cateau le farouche Dehorie, délégué par le Comité de Cambrai pour y établir un sous-Comité de surveillance ; il s'installe sur la Grande Place, dans la maison d'un émigré. De concert avec Tournaud, commissaire du district, et avec l'aide de la Société populaire, il prend en main le gouvernement de la ville, qu'il régit en despote, sans tenir compte aucunement du Conseil municipal. Tout tremble devant lui. Le Cateau s'appelle désormais Fraternité-sur-Selle. Les noms des rues, des particuliers, subissent une transformation analogue. Tout ce qui rappelle l'idée de Dieu est soigneusement banni. Des scellés sont mis sur les maisons dont les habitants ont émigré ou qui se trouvent simplement absents du Cateau (1). Ces

----

(1) En voici la nomenclature :

« Rue de Landrecies : Hurtebis, Lasselin, Louis Wanèque.

« Rue de Fesmy : Nicolas Poivre.

« Faubourg de France : Ch. Dupont, Leblanc, Lobry, Collet, maître de poste.

« Faubourg de Landrecies : Motte, charron.

« Rue des Savetiers : Lapomélie, Lebon.

« Grand'Place : veuve Chantreuil, Bienveau, Bonnaire, Delcourte.

« Rue Cuvier : Poreau, Bricout, notaire ; d'Honnechy, Largillière, Lequeux, Merlin, Caudron.

« Rue Lazare : Deudon père, Dromby, Rotureux, Desvignes,

maisons sont pour la plupart livrées au pillage. Les meubles qui s'y trouvent sont envoyés à Cambrai ; les matelas, draps de lits et couvertures sont destinés aux soldats.

Mais le succès des armées autrichiennes allait forcer nos troupes à reculer. C'est le 10 août 1793 que les Autrichiens font leur première apparition au Cateau. Arrivés par le faubourg de Montay, ils se bornent à réquisitionner des vivres et à exiger le logement pour la nuit. Le lendemain, ils quittent la ville ; mais cette alerte était le prélude d'une occupation en règle. Le 21, ils prennent définitivement possession de la cité. Le palais, l'Hôtel de Ville, l'abbaye, les couvents, Saint-Martin, servent au logement des troupes. La municipalité est dissoute, l'arbre de la liberté abattu ; un commandant s'établit à l'Hôtel de Ville et, pendant onze mois, le Cateau est sous la domination de l'Autriche.

Le 26 et le 29 août, la ville se trouve dans l'impossibilité de fournir les réquisitions exigées. Il n'y a

---

ci-devant seigneur de Saint-Martin-Rivière, Leblond, veuve Chevalier, Piérard, Lenain, Delemotte, Labetous.

« Rue des Récollets : veuve Jesquy, Cattet, Bonnaire, Lancelle, Salmon, veuve Deudon.

« Faubourg de Cambrai : Carville, François Dupont, Célestin Soufflet.

« Rue Martin : Leclerc, Lapierre, Courtin, ex-prêtre ; Coquelet.

« Rue du Collège : Bomblez père, Basquin, Bailleux, cordonnier. »

(Archives communales du Cateau ibid.)

plus de pouvoir public pour traiter avec le gouverneur, et c'est en vain que MM. Tilmant, Piettre et Flayelle plaident, auprès des ennemis, la cause de la malheureuse cité.

Le 9 septembre, la junte de Valenciennes organise au Cateau une administration et rétablit dans ses fonctions la municipalité telle qu'elle existait avant la Révolution. En conséquence, MM. Piettre, Vienne, Bricout, Beaucourt, Flayelle, Régis Rodriguez, ainsi que Toussaint-André Sculfort, mayeur héréditaire, et Usmar Piettre, greffier, adhèrent le 11 septembre au serment suivant : « Vous N. jurez d'estre fidel à Sa Majesté l'empereur et roi et de remplir loyalement la place à laquelle vous êtes nommé provisoirement par l'acte ci-dessus [1] ». Successivement le 13, Philippe Delhaye est nommé mayeur de Saint-André ; le 19, Germain Lavalle, Joseph Minaux sont désignés comme connétables de Mazinghien, en remplacement de Grégoire Méresse et Pierre-Joseph Canonne, démissionnaires ; le 20, Charles-Théodore Deudon, François Labetous, Pierre Bouchard sont nommés connétables du Cateau ; le 3 octobre, Charles Carpentier, Auguste Risbourg, Alexis Delattre reçoivent le même titre pour Le Pommereuil. L'archevêque n'apprit probablement qu'assez tard ces changements par suite de son éloignement, car ce n'est que le 12 janvier 1794 qu'il nomme Antoine-Jacques de

---

[1] Archives communales du Cateau. — Période révolutionnaire. — Administration municipale 2.

Sainte-Margueritte comme son intendant, afin de s'occuper de ses intérêts (1).

Avec les Autrichiens reviennent les parents, les amis exilés et l'on jouit de la liberté de pratiquer sa religion. Plus de trois cents émigrés: nobles, prêtres, moines, reparaissent au Cateau. On les reçoit avec affection, les royalistes leur ouvrent leurs demeures et l'abbaye voit reparaître ses anciens habitants. Les échevins, MM. Jean-Baptiste Piettre et Usmar Piettre offrent dans leurs maisons, trop petites à leur gré, une hospitalité généreuse aux proscrits qui arrivent de Bohain, Guise, Saint-Quentin, Landrecies, etc... Plusieurs trouvent une demeure au palais épiscopal (2).

Le 31 janvier 1794, la ville est imposée par les Autrichiens pour une somme de 18.700 livres, plus 2.788 livres pour la capitation. Ordre est donné au magistrat de percevoir cette contribution en la forme observée sous l'ancien régime.

A la fin de l'hiver, la misère est extrême ; le blé manque et la population ne se nourrit guère que de pain de seigle. Le chauffage et l'éclairage font complètement défaut.

L'hiver avait suspendu les hostilités. Profitant de ce repos forcé, les armées augmentent leurs effectifs. Au printemps de 1794, des forces considérables sont en présence. L'armée du Nord, commandée depuis

---

(1) Ibid. Divers 2.
(2) Ibid. Divers 2.

1793 par Pichegru, compte 160.000 hommes. Sa gauche est à Dunkerque, sa droite à Maubeuge ; son centre, qui comprend 50.000 hommes, se trouve entre Cambrai et Bouchain, au camp de César, dans les environs d'Iwuy. L'armée des ennemis, un peu plus nombreuse, a son centre près de Forest et de Montay, aux alentours du Cateau. 100.000 Autrichiens et Anglais s'y trouvent réunis.

Le 23 mars 1794, l'empereur François II arrive avec le prince de Cobourg, généralissime des armées ennemies, et installe au Cateau son quartier général (au palais Fénelon).

Le 24 mars, le général Fromentin attaque les ennemis sous les murs de la ville. Six cents Autrichiens, mis hors de combat, sont transportés au palais et à l'abbaye. La bataille du Cateau a pour résultat la délivrance de Catillon.

En avril 1794, Cobourg qui ne se trouve plus en sûreté au Cateau, établit son quartier général à Englefontaine. De là, il dirige l'attaque de Landrecies, entreprise le 20 avril. Cent cinquante pionniers du Cateau sont requis pour prêter leur concours aux ennemis et prendre part à l'assaut de la place. La ville résiste jusqu'au 30 et est complètement réduite en cendres.

Sur ces entrefaites, Chapuy s'engageait avec 39.000 hommes dans une malheureuse affaire. Son dessein était d'empêcher la jonction des Autrichiens établis à Boistrancourt et des Anglais, qui occupaient Troisvilles. L'action eut lieu le 26 avril. Chapuy fut vaincu et fait prisonnier. C'est, après la ruine de

Landrecies, le dernier revers éprouvé par l'armée du Nord.

Bientôt, la prise de Mons et Namur, suivie des victoires de Tourcoing et de Fleurus, prépare la conquête de la Belgique par les Français.

Les Autrichiens n'apparaissent plus que rarement au Cateau. Le 1ᵉʳ juillet 1794, les Français rentrent dans la ville. En même temps, Jacob et Marescot font le siège de Landrecies dont ils se rendent maîtres le 16. Par suite de ces événements, tous les proscrits reprennent le chemin de l'exil. MM. Maximilien Bricout et Hannequant qui ont été mis hors la loi pour avoir accepté des fonctions pendant l'invasion partent les derniers. Seul, l'ancien échevin J.-B. Piettre, qui n'a pas quitté la ville, est arrêté et conduit à Cambrai. Il ne dut la vie qu'à la réaction thermidorienne.

Le nom de Fraternité-sur-Selle reparaît [1]. Un

---

[1] Le premier document qui en fasse mention se rapporte à la nomination d'un instituteur public :

« Vu la pétition du citoyen Boitelle, nous, Maire et officiers municipaux de Fraternité-sur-Selle, ci-devant Cateau, connaissant le vrai patriotisme dudit Boitelle, en conséquence avons reçu et recevons pour instituteur public de la jeunesse la personne dudit Boitelle, sous le traitement que la loi attribue à ladite place, à charge par lui de prêter entre nos mains le serment au cas pertinent.

« Fait à Fraternité-sur-Selle, le 3 thermidor (21 juillet) l'an IIᵉ (1794) de la République française, une et indivisible. »

En marge, se trouvent ces mots : « J'accepte la charge d'instituteur public sous les conditions dictées par la loi. — J.-L. BOITELLE. »

(Archives communales du Cateau. — Période révolutionnaire. — Instruction).

nommé Mascaux est envoyé par le district pour réorganiser l'administration et un Conseil provisoire est nommé. Pour diminuer le prix des denrées, qui était exorbitant, on applique la loi du maximum.

Bientôt, Mascaux est remplacé par Grard. Celui-ci débute par l'injonction suivante :

« Ordre aux officiers municipaux provisoires de Fraternité-sur-Selle.

« Au nom de la loi, je vous requiers de faire publier dans toute l'étendue de cette commune que tout marchand qui augmentera sa marchandise, fera deux prix et renchérira sa marchandise sera, conformément à la loi, puni de mort et en outre sa maison livrée au pillage et démolie.

« Jusqu'à nouvel ordre.

« Le commandant temporaire du canton du Cateau.

« C.-L. GRARD. »

Les ordres deviennent plus nombreux, plus rigoureux :

« Tous les citoyens et citoyennes sont tenus de porter la cocarde tricolore, sous peine d'être condamnés à huit jours de prison.

« Chacun doit arborer le drapeau tricolore.

« On est tenu de dénoncer les ennemis de la Révolution et même ceux qui recèlent des objets leur ayant appartenu (1).

« C.-L. GRARD. »

---

(1) Archives du Cateau. — Période révolutionnaire. — Affaires étrangères 8.

Enfin, une municipalité est élue (1). Gournet est nommé maire (2). Jean-Baptiste Triquet est établi juge de paix du canton. Un Comité de surveillance provisoire est établi (3). Moreau et Watremez sont commis à la délivrance des passeports. La terreur règne. Craignant d'être traités comme suspects, beaucoup se font décerner des certificats de résidence, afin de se mettre à l'abri des soupçons. Un grand nombre d'habitants quittent Le Cateau. Cent quarant-six maisons sont de ce fait inoccupées (4).

---

(1) Sont alors nommés officiers municipaux : MM. Gournet, Siraux, Hiolin, Druart, Sartiaux, Lorgne, Henninot, Xavier Lacourte, Debaumont, médecin ; et notables : MM. Brunelet, Antoine Lacourte, Lacombled père, Martin Pierrart, Santerre, tanneur ; Pierre Caille, Nicolas Pamart, Gavériaux, Louis Lorgne, Ansiaux, Pierre Leclerc, Seiller, fermier ; Egrez père, Charles Gantois, Louis Wuillaume, Charles Lafleur, dit Derbecourt, Gransart et Debièvre.

(2) Tilmant venait d'être assassiné sur la route de Valenciennes.

(3) Ce Comité se compose de : MM. Lacombled, fermier ; Siraux, mulquinier ; Collery, perruquier ; Largillière, Lefebvre Gérard, Pelletier, Maillet, marchand ; Chevalier fils, Carville, marchand ; Jean-Philippe Lacourte, fermier ; Leblond, boulanger.

(4) En voici le relevé par rues, tel qu'il fut dressé par le Comité :

Rue Lazare	14 maisons.
Rue des Récollets	4 »
Rue Ric	6 »
Rue du Collège	9 »
Rue de France	6 »
Place-au-Bois.	6 »

Quatorze citoyens sont arrêtés comme suspects et conduits à Cambrai : MM. Delaby, Laurent Bougiez, Joseph Canonne, Richard Besse, Ferdinand Lallier, Constant Collery, etc. La mort de Robespierre les sauva de la guillotine.

Le palais est transformé en hôpital militaire, car chaque jour de nombreux blessés arrivent de Belgique.

A l'exemple de Grard, le maire Gournet fait un arrêté concernant le commerce. Il ordonne à tous les marchands d'afficher sur la porte de leurs maisons un tableau indiquant l'espèce et la qualité des marchandises qu'ils offrent au public. Des visites sont faites pour découvrir les contrevenants, contre lesquelles une pénalité sévère est établie.

Rue Marie-Lorgne	3	»
Rue d'Entre-Marché	5	»
La Halle	4	»
Rue Bergues	2	»
Rue Martin	9	»
Rue Cuvier	5	»
Rue de Landrecies	17	»
Rue des Savetiers	6	»
Rue de la Prison	4	»
Rue des Fusiliers	1	»
Rue Marc-Legai	1	»
Rue du Chêne-Arnaut	7	»
Rue Belle	2	»
Les Digues	13	»
Hurées	6	»
Faubourg de Cambrai	4	»

(Etude historique sur le Cateau-Cambrésis, par le docteur Cloez).

Comme on se plaignait beaucoup des pertes subies pendant l'invasion, le maire, qui cherchait à se concilier les sympathies de la population, résolut de s'adresser au chef-lieu du district pour obtenir une indemnité. Une somme de 15.000 livres fut allouée à la ville; mais bientôt, le montant des réclamations atteignit le chiffre de 413.974 livres ; la répartition était donc presque insignifiante, comparativement aux dommages supportés. Elle fut d'ailleurs très mal faite et le 19 germinal an III (8 avril 1795), la municipalité, accusée d'avoir injustement répartie l'indemnité, est révoquée.

Pour distraire les Catésiens des graves préoccupations de l'heure présente, des fêtes sont organisées ; le 10 août, la fête des vieillards ; le 22 septembre, celle de l'institution de la République, mais la Terreur règne toujours. Le 11 vendémiaire (1er octobre 1794), des visites domiciliaires sont décidées pour découvrir les armes cachées dans la ville ; d'autres, dans le but de saisir les instruments en fer avec lesquels on peut fabriquer des armes blanches, les cuirs qui doivent servir à faire des souliers pour l'armée, etc... Toutes ces perquisitions sont faites à l'improviste ; aussi amènent-elles l'arrestation d'un certain nombre de proscrits cachés dans leurs familles.

Pendant l'année 1794, le palais fut adjugé à un nommé Rozier. Celui-ci fut longtemps en procès avec la ville, qui lui disputait la propriété d'une rue réunie par Mgr de Rohan au parc du palais.

L'hiver commence d'une manière rigoureuse. La misère augmente. Un grand nombre de personnes périssent de faim et de froid. La commune exige alors que les habitants des localités voisines apportent leurs grains sur le marché ; de plus, elle autorise le receveur des biens des pauvres à user de sévérité pour activer le recouvrement des fermages. On se réunit dans l'église Saint-André afin de chercher en commun par quels moyens on remédiera à la misère, et on décide que le citoyen Arnould Bricout fera, au nom de ses collègues, une démarche auprès de la Convention pour implorer du secours. Le délégué plaide avec succès la cause qui lui a été confiée et il obtient 10.000 livres de riz à prendre à Dunkerque et 50.000 livres. Avec cet argent, on s'empresse d'acheter du grain. Deux nouveaux secours, l'un de 8.000 livres, l'autre de 2.307 livres, sont, dans la suite, accordés au Cateau. Ces subsides permettent de faire aux nécessiteux des distributions qui les empêchent de mourir de faim et qui les mettent en partie à l'abri du scorbut, de la dyssenterie, de la fièvre typhoïde, maladies engendrées par l'insuffisance et la mauvaise qualité des aliments.

Sur l'ordre du bureau d'approvisionnements, qui fonctionne avec activité, on ferme les brasseries et les amidonneries, afin de réserver le grain pour la fabrication du pain. Le pain se vend jusqu'à 6 francs les trois livres.

Le récit d'un contemporain nous donnera une idée de la misère qui régnait alors.

« La gelée continua jusqu'au mois de février. Le printemps fut tardif et froid, l'été de même à peu près et pluvieux.

« Dès le mois de mars, la disette fut extrême au Cateau, dans les environs et dans toute la contrée que traverse la Selle où les armées ennemies avoient séjourné longtemps. Ceux qui avoient encore quelques ressources se procuroient du pain, mais à un prix excessif ; le mencaud de blé valoit douze écus en argent à Cambrai. Ceux qui n'avoient plus de ressources, et c'étoit le plus grand nombre, quittoient leurs maisons, hommes, femmes et enfants, et alloient par bandes dans l'Artois, le Boulonnois, la Flandre et la Belgique, mendier de quoi à ne pas mourir de faim et à prolonger leur malheureuse existence. Ce fut un bonheur pour plusieurs que le commerce des filets et des toilettes eût une certaine activité. Les voyageurs devaient porter leur pain avec eux ; on n'en trouvait plus dans les auberges depuis Valenciennes jusqu'à Paris. La détresse augmenta jusqu'au 1er août. Le seigle n'étoit pas encore mûr, ni même l'orge sur lequel on comptoit depuis longtemps ; on mangea le reste de l'avoine avec laquelle on faisoit de la bouillie qu'on allongeoit avec des herbes potagères, des épis d'orge qu'on arrachait dans les champs [1] ».

Cette année cependant, un nouvel anniversaire est créé.

Le 4 messidor, an III (22 juin 1795), une fête est

---

[1] Publié par le docteur Bombart, d'après le manuscrit de l'abbé Coquelet. *Mémoires historiques pour Cambrai et le Cambrésis, de 1791 à 1799 inclus.*

célébrée au Cateau en l'honneur de la délivrance de la cité. Voici en quels termes l'administration annonce, la veille, l'ouverture et le programme de la fête :

« Il sera fait demain une fête solennelle ; elle sera annoncée par le carillon et tous les citoyens de la commune seront invités à rendre cette fête brillante avec tout l'éclat qui lui mérite.

« L'administration ordonne, en conséquence, que toutes les boutiques seront fermées, qu'il y aura assemblée du peuple au temple de l'Etre suprême, à deux heures de relevée, où il sera prononcé un discours analogue à la fête et qu'ycelle sera terminée par un bal public en la salle de la maison communale, et invite au surplus tous les citoyens à orner le devant de leurs portes de même qu'à balayer les rues. »

Malgré l'état précaire des finances de la ville et l'état de gêne où se trouve la population, la commune doit payer ses contributions en retard et rembourser les 50.000 livres qui lui ont été prêtées par la Convention.

Une mesure qui interdit à tout parent ou allié des émigrés de remplir une fonction publique démembre le Conseil. MM. Debeaumont, maire ; Hannequant, procureur ; Druart, Carville, Gransart, Grozot, officiers municipaux durent donner leur démission. Ce fut le dernier acte de cette période si agitée que nous venons de traverser. La ville, pendant ce temps, s'était appauvrie et dépeuplée. Ses dettes se montaient à 198.340 livres. De 4.840 habitants en 1778, sa population était tombée à 3.400.

LA VIE RELIGIEUSE AU CATEAU
PENDANT LA RÉVOLUTION

Ce fut à la fin de 1790 que commença au Cateau
l'application de la Constitution civile du Clergé. Déjà,
le 24 août 1789, près de sept cents familles avaient
écrit aux Etats généraux, les priant de conserver les
religieux de Saint-André, « appelés pères et bienfaiteurs du Cateau [1] ». Lorsque la Constitution vint
ouvrir à tous les portes de leur couvent, aucun des
vingt-et-un religieux ne voulut abandonner cet
asile. Il en fut de même des Sœurs du Saint-
Esprit et de celles de Saint-Lazare. Il nous est
resté le règlement que la sœur Casiez, Supérieure
de la communauté du Saint-Esprit déposa au
greffe de la Mairie du Cateau le 27 avril 1792,
conformément à la loi du 14 octobre 1790 [2]. Auparavant, les élections, exécutées selon les nouveaux
décrets, avaient désigné comme Supérieure et économe
la même dame Casiez et la sœur Dreumont qui
occupaient précédemment ces fonctions.

---

[1] Pièce justificative.
[2] Ibid.

Nous avons déjà signalé l'adhésion donnée par quelques ecclésiastiques à la Société des Amis de la Constitution, mais ces exceptions furent rares. Peu d'ecclésiastiques même prêtèrent le serment, et Charles Mortier s'en montrait très mécontent. « Mandez-moi si les curés ont prêté leur serment, écrivait-il, s'il ne l'ont pas fait, j'en suis fâché pour pour eux [1] ». Au mois d'avril 1791, l'archevêque assermenté Primat vint faire sa visite épiscopale au Cateau. Il fut reçu par les patriotes avec une certaine solennité, officia dans l'église Saint-Martin et fit un sermon sur l'obéissance aux lois.

Son passage marqua le début des persécutions religieuses au Cateau. Aussitôt que l'intrus se fut retiré, deux officiers municipaux se rendirent dans les églises de Saint-Martin et de Notre-Dame, y firent lecture de la Constitution civile du Clergé, sommèrent, mais en vain, les curés de prêter serment, puis ils fermèrent les églises qui, en attendant l'arrivée des prêtres assermentés, ne devaient plus guère s'ouvrir que pour les enterrements.

Le culte trouva asile dans les chapelles, et notamment à l'abbaye de Saint-André. C'est là que se réunirent les Amis de l'Ordre, qui voulaient, autant qu'il était en leur pouvoir, opposer, dans la localité, une digue au torrent révolutionnaire.

---

[1] Archives communales. — Période révolutionnaire. — Société des Amis.

D'après les nouvelles répartitions ecclésiastiques, Le Cateau ne devait plus posséder qu'une seule église. C'est ce qu'annonçait le député Mortier à ses « chers patriottes », le 3 juin 1791 : « Nous ne devons avoir qu'un curé pour Le Catteau, Montai et Saint-Benin. Je crois que les habitans en seront charmé, parceque la portion congrue du curé suffira à peutprès pour payer leurs impots, sans compter la dîme qu'on ne paye plus [1] ». Devant le refus des curés Dehaussy et Fleury, l'évêque Primat nomma à cette cure Grébert, ancien curé de Sailly qui, le 26 avril, écrivait à la Société des Amis de la Constitution : « Dieu veuille bénir nos travaux respectifs et assurer la paix et la tranquillité si désirables au maintien de la religion et de la Constitution [2] ». Le 28 juin, le nouveau pasteur prit possession de sa charge. Une grande partie de la population lui était hostile. Aussi, son entrée dans l'église Saint-Martin, qu'on regarde comme une profanation, provoque-t-elle des scènes regrettables. Tandis qu'il fait le simulacre de bénir l'assistance, on lui répond par des cris, des insultes, des menaces ; et, lorsqu'il veut gravir les degrés de l'autel, plusieurs hommes se couchent en travers, comme pour faire de leur corps un rempart au Dieu de l'Eucharistie et empêcher un sacrilège de se

---

[1] Archives du Cateau. — Période révolutionnaire. — Société des Amis... N° 7.

[2] Ibid. N° 19.

consommer. Une lutte s'engage ; on court au poste de l'Hôtel de Ville pour réclamer l'intervention de la force armée. L'apparition de la garde nationale fait enfin cesser le désordre. L'église est évacuée.

Les Catillonnais ne tardent pas à apprendre « le récit des scènes tumultueuses et fanatiques, pour ne par dire idolâtres ». Aussitôt, le président de la Société des Amis de la Constitution écrit : « Nos cartouches à balles sont faites, nous espérons d'avoir des armes dans deux ou trois jours et alors gare à vos monarchieux [1] ». De fait, ils font bientôt irruption dans la ville en chantant et en proférant des menaces de mort ; mais Grébert les supplie de ne pas répandre de sang. Après avoir assisté à la séance populaire et y avoir renouvelé le serment de vivre libres, ils se retirèrent en promettant de revenir à la première alerte. La Société de Valenciennes ne voulut pas se montrer inférieure, et comme l'hostilité contre le jureur persistait, elle écrivit le 15 mai qu'elle disposait « de bayonnettes emmanchées de bons bras [2] ».

Nous avons vu les autres incidents qui suivirent cette installation.

Ce fut également au mois d'avril, le 4, que le procureur-syndic du Directoire de Cambrai écrivit à la municipalité du Cateau d'avoir à lui faire connaître l'étendue de chacune des maisons religieuses. « Pour

---

[1] Ibid. N° 22.
[2] Ibid. N° 27.

lui donner (à ce travail) une forme légale, disait la lettre, il suffira que vous nommiez un commissaire dans votre sein pour faire, avec le procureur de la commune et le secrétaire greffier, les visites nécessaires ». A la fin de l'année, un commissaire du district, escorté de plusieurs grenadiers, procéda à l'expulsion des religieux, et le collège fut fermé [1].

Dom Maur et ses religieux se retirèrent alors dans une ferme appartenant à l'abbaye et située à Audregnies, près de Bavai.

Trois édifices religieux de la ville, y compris Saint-André, étaient alors dédiés au culte ; il fallait donc en supprimer deux. Comme le choix de l'unique église de la ville n'était pas encore fait, l'église de l'abbaye ne fut pas mise en vente en même temps que les biens de la communauté ; sa situation au centre du Cateau, ses vastes proportions, sa façade monumentale, son clocher élevé, la désignaient au choix de la municipalité ; nous en trouvons une preuve dans cette délibération datée d'octobre 1791 :

« Nous, officiers municipaux, considérant que l'église de la ci-devant abbaye de cette ville est la plus vaste et la plus commode pour être la paroisse ; que plusieurs ornements assez précieux qui ont servi au culte de cette église n'ont point été vendus et ont été réclamés pour être achetés par nous sur estimation ; que le maître-autel est resté en entier avec son Christ argenté et les chandeliers, de même que le tabernacle couvert de feuilles d'argent.

---

[1] Ibid. Clergé 4.

Voulant satisfaire aux vœux d'une grande partie de la bourgeoisie qui demande que ces objets servent d'ornements au nouveau temple, nommons commissaire J.-B. Triquet qui, en notre nom et au nom de la commune, fera les démarches nécessaires pour obtenir de l'administration supérieure le classement de cette église. »

Aussitôt, on mit en vente, à Cambrai, les biens de Saint-André, ainsi que ceux de l'archevêché et le palais. Par l'entremise de M. Morcrette, la ville acheta le terrain des digues qui dépendait du *vivier* l'Evêque et revendiqua, peu après, la partie du rempart et du fossé qui était enclavée dans l'enceinte de l'abbaye ; le reste ne fut plus vendu que deux ou trois ans plus tard.

Enfin, les religieuses de Saint-Lazare et de Saint-Esprit ayant refusé de prêter serment furent destituées de leurs fonctions et remplacées par les dames Bonnaire et Turlot, en vertu du décret du 14 décembre 1791. De même, les sieurs Boitel, Hecq et Denaux furent nommés instituteurs avec un traitement annuel de cent livres plus les rétributions scolaires versées par les familles [1].

Dès lors, les événements se précipitent. Le 15 janvier 1792, les cloches de Notre-Dame, de Saint-Lazare et de Saint-Esprit sont enlevées et transportées à la monnaie de Lille [2]. Le 2 février, il est décidé que les églises de Saint-Martin et de Notre-

____

[1] Archives du Cateau. — Période révolutionnaire. — Instruction 2.

[2] Ibid. Clergé 3.

Dame seraient vendues aux enchères. Le presbytère de Saint-Martin est réservé pour servir de logement au curé qui desservirait l'église de l'abbaye.

Le 4 février, par un excès de zèle, la municipalité fit fermer les couvents de Saint-Lazare et de Saint-Esprit, mais les administrateurs du district de Cambrai attaquèrent vivement cette mesure illégale et firent ouvrir de nouveau ces établissements (1).

En août, des députés de la Législative ayant signalé la présence de prêtres assermentés, le maire, Tilmant, reçut l'ordre de les incarcérer ou de les expulser ; il se décida pour ce dernier parti et, lorsque les émissaires de la commune de Paris vinrent au Cateau, ils purent déclarer que « la ville était purgée de tout réactionnaire ».

Toutefois, même au plus fort de la Révolution, nous trouvons au Cateau des prêtres non jureurs, parmi lesquels il faut signaler dom Lempereur, religieux de l'abbaye de Maroille ; Boudart, vicaire de Pont-sur-Sambre ; Lietbert Coupé, Boidieu et Rossignol. Avec les Autrichiens, d'autres rentrent en ville : l'abbé Fleury rétablit le culte à Saint-André et l'abbé Gilleron reprend le titre de vicaire de Saint-Martin. Maître Benoit Pigot, supérieur des missions du diocèse de Toul vient s'y installer le 23 novembre 1793, chez Louis Lefebvre, rue de Marie-Lourme ; il est muni par Mgr de Rohan de pleins pouvoirs pour l'administration du diocèse. Mais la plupart durent

---

(1) Ibid. 7.

s'éloigner devant le succès des armes françaises [1]. D'ailleurs, la municipalité ne cessa jamais de veiller à la conservation de l'église Saint-André. Grâce à ces soins, dom Henri Mortier, religieux de l'abbaye, put profiter de la présence des Autrichiens pour faire transporter au Quesnoy la plus grande partie des ornements de ce monastère [2].

Quant aux anciens biens religieux, personne ne se présentant pour acheter l'abbaye, on commença par vendre une partie des arbres de la propriété, puis, en 1795, on divisa le sol en plusieurs lots ; les sieurs Sirot et Sartiaux en achetèrent des portions considérables. Une tentative fut faite par le sieur Philippe Mairesse pour se faire adjuger l'église, mais les protestations du Conseil et les pétitions des habitants empêchèrent la vente de se faire. Une partie de la maison de Saint-Lazare fut convertie en caserne de gendarmerie, le reste fut vendu. Le couvent du Saint-Esprit fut adjugé pour la somme de 17.500 livres à un sieur Fidèle, de Cambrai.

Le 30 mai 1795 [3], la Convention décréta le libre exercice des cultes, pourvu que les ministres donnassent au préalable acte de leur soumission aux lois de la République par-devant la municipalité du lieu où ils entendaient célébrer leur culte. Comme le même acte laissait aux communes le libre exercice

---

[1] Ibid. Divers 2.
[2] Ibid.
[3] 11 prairial, an III.

des édifices non aliénés et primitivement destinés aux services religieux, Saint-André fut ouvert de nouveau, mais on continua à y célébrer les fêtes civiques. En conformité à ce décret, le 17 septembre 1795, un avis ainsi conçu fut affiché à la porte de la Mairie du Cateau :

« Cejourd'huy, premier jour complémentaire de l'an III de la République Française, une et indivisible, est comparu au greffe de la municipalité du Cateau François-Joseph Moreau, lequel a déclaré qu'il se propose d'exercer le ministère d'un culte connu sous la dénomination de catholique, dans l'étendue de cette commune et a requis qu'il lui soit décerné acte de sa soumission aux lois de la République, de laquelle déclaration il lui a été délivré acte conformément à la loi du onze prairial de l'an III.

« Et a signé : Moreau.

« Par ordre : Collart, secrétaire. »

En 1798, les Catésiens eurent la satisfaction de voir Saint-André classé comme paroisse de la ville. Dès le 14 mars, Albert Lemaire signe les registres de baptême avec le titre de recteur du Cateau. Nous verrons au chapitre suivant la réorganisation du culte.

LE CATEAU DE 1801 A 1848

Le Consulat devait apporter au Cateau la paix religieuse et politique. Le 22 janvier 1801, le préfet du Nord nommait comme président du Conseil Charles Mortier ; amis et ennemis de la veille voient leurs noms accolés sur les listes municipales. Le 4 mai, eut lieu la proclamation du Concordat, accueilli aux cris de : « Vive la République ! Vive le premier Consul ! ». Plus de vingt prêtres prêtent immédiatement le serment, et nous y retrouvons les noms déjà cités pendant la période révolutionnaire : François-Xavier Capelle et Pierre-Joseph Boitte, ex-religieux des abbayes d'Hautmont et de Maroilles ; Ferdinand de Bruyère, ex-religieux de Saint-André. Si nous nous en rapportons aux registres municipaux [1], il n'existait, au Cateau, que deux prêtres ayant abandonné leur vocation sacerdotale : Pierre Moulin et Henri Bousy. Le Conseil fait d'ailleurs appel aux prêtres réfractaires et propose au choix de Mgr Belmas, pour la cure du Cateau, MM. Fleury, ancien curé de Notre-Dame ; Delannoy, ancien curé de Clary ; Casiez, ex-lazariste, et Gilleron, ancien vicaire. Ce fut

---

[1] Pour cette période, nous renvoyons aux registres municipaux qui sont classés chronologiquement.

Delannoy qui fut choisi. Dès lors, la réorganisation du culte paroissial se fait rapidement. Le 28 pluviôse, Jérôme-Elie Santerre, prêtre, ex-bernardin, est nommé grand clerc ; le 17 ventôse, a lieu la désignation des trois membres du Conseil de fabrique : Henri Hennequand, Théophile Mairesse, Antoine Oudart ; le 18 floréal, Antoine-Liébert Coupé prête serment comme vicaire ; le 4 prairial, on accorde 600 francs pour les réparations qui doivent être faites à l'église et autant comme indemnité pour les vicaires et clercs. Enfin, le 29 prairial, la Ville commence les démarches pour recouvrer les objets du culte qui, de l'abbaye de Saint-André, avaient été transférés au Quesnoy et attribués à d'autres églises.

L'un des premiers soins des hommes dévoués qui furent à la tête de l'administration communale, fut de réorganiser l'instruction publique qui, nous l'avons vu, n'avait d'ailleurs pas été complètement négligée pendant la Révolution. Déjà, le 31 août 1801, c'est un orgueil pour la municipalité que de faire visiter ses écoles au sous-préfet de Cambrai.

En 1802, le budget communal prévoit une somme de 100 francs pour le logement du maître d'école, et celui du Bureau de bienfaisance, 600 francs pour l'éducation des pauvres. Le 3 germinal 1803, le Conseil décide qu'il y aura, désormais, deux instituteurs qui donneront gratuitement l'instruction au cinquième de leurs élèves, les autres payant une rétribution calculée d'après les matières étudiées. Cette rétribution est ainsi fixée : 0 fr. 90 pour ceux qui apprennent à lire et à écrire ; 1 fr. 20 pour ceux qui apprennent l'orthographe ; 1 fr. 50 pour ceux qui apprennent le calcul.

Mais c'est au collège que le Conseil accorde les plus forts subsides. En 1802, il est attribué 1.600 francs pour les réparations à faire aux bâtiments et pour l'indemnité aux deux professeurs auxquels on adjoint bientôt Joseph Carville, ex-religieux. En l'an XI, le Conseil demande le rétablissement de l'école secondaire dans l'ancien collège, « considérant que les mêmes professeurs qui ont fourni les plus brillants sujets à l'ancienne université de Douai existent encore dans nos murs ». Pour ce faire, on fait évacuer les locaux par la gendarmerie et l'ancien collège est désormais rétabli avec trois professeurs, trois prêtres : Carville, Jesquy et Capelle. En l'an XII, la somme votée pour les réparations se monte à 1.850 francs et les sieurs Régis Rodriguez et Bricout, tous deux membres du Conseil municipal, sont désignés pour faire partie du Bureau d'administration de l'établissement. Les trois professeurs reçoivent 1.800 francs en l'an XIII et, le 23 germinal, le Conseil, voulant supprimer toute concurrence, demande la fermeture d'une école similaire dirigée par les sieurs Bonneville et Tuboise, qui ne tardent pas, d'ailleurs, à s'incorporer à l'école officielle. De cette façon, le collège compte cinq professeurs et comprend tous les cours jusqu'à la troisième inclusivement. Mentionnons encore une dépense de 400 francs pour la chapelle de l'établissement. Ces sacrifices ne tardèrent pas, d'ailleurs, à donner des compensations et, en 1808, le collège contenait quatre-vingts élèves.

De plus, en 1808, on créait un poste de bibliothécaire, avec annuité de 50 francs, pour garder les livres provenant surtout de la bibliothèque de l'ancien collège des jésuites.

Les divers services municipaux sont aussi réorganisés. C'est ainsi que, le 18 janvier 1803, la compagnie des sapeurs-pompiers est créée; douze de ses membres doivent être payés. Mais le 2 janvier 1811, l'organisation est modifiée. La compagnie comprend un commandant, un lieutenant, un sous-lieutenant, un sergent-major, deux sergents, un fourrier et quinze pompiers. L'uniforme se compose d'un pantalon de toile blanche et d'une veste bleue portant parement à collet rouge. Les membres jouissent de l'exemption du service de la garde nationale et du logement des troupes et ont droit à une petite indemnité. Ce second règlement est complété par un autre du 30 juin 1812 qui supprime le fourrier, mais ajoute deux caporaux, quatre sapeurs et un tambour qui touche 20 francs par an. Le corps est divisé en deux escouades. Les volontaires doivent être âgés de vingt à quarante ans et avoir exercé, pendant deux ans, l'une des industries du bâtiment : maçon, plafonneur, zingueur, etc. ; leur solde est de 40 francs par escouade et par incendie. L'uniforme est modifié comme suit : pantalon blanc, caramande bleu foncé, collet et parement bleu de ciel, un gilet de même couleur et un chapeau à trois cornes. Du 1er mai au 31 octobre, le corps devait s'exercer deux fois par semaine.

Enfin, le 24 mars 1801, le Bureau de bienfaisance

est reconstitué, ainsi que le mont-de-piété en 1804. Étant donnée cette dernière reconstitution, il fut défendu, le 1ᵉʳ août 1808, de prêter sur gages.

En même temps, la ville s'embellit; le 8 janvier 1806, la ville décide d'acquérir, pour 7 à 800 francs, l'emplacement de l'église Saint-Martin et de l'ancien cimetière, afin d'en faire une promenade publique et, le 17 mars 1806, 4.000 francs sont votés pour la mise en état de cette place (1).

Seuls, les renseignements officiels nous parlent des fêtes qui commémoraient les souvenirs des grands événements. Successivement, on fête le 14 juillet, le 2 septembre; Bonaparte est acclamé le 14 juillet 1802 et la fête de son couronnement est célébrée à partir de 1806; en 1808, on vote même 6 à 8.000 francs pour la statue qui doit lui être érigée. Ce que l'on célèbre surtout, ce sont les conclusions de paix. Celle qui célèbre la paix continentale, le 2 avril 1801, est marquée par une cérémonie qui est bien dans le goût de l'époque. Après cinquante-quatre ans de mariage, les époux Pruvost, escortés par la municipalité et aux sons d'une musique guerrière, viennent renouveler leurs promesses de fidélité au pied de l'arbre de la liberté. Par contre, il est plus difficile de trouver la rosière que Napoléon désire voir couronner lors de l'anni-

---

(1) On établit sur cette place des berceaux pour les tirs à l'arc et à l'arbalète, et on parlait d'y ériger les bustes de l'Empereur et de l'Impératrice.

versaire de son couronnement. En 1808, 1809, nulle ne répond aux conditions exigées pour obtenir la dot de 270 francs votée par la municipalité (1). Enfin, en 1810, Marie-Victoire Defrémery, âgée de vingt-neuf ans, est couronnée (2).

Les succès du maréchal Mortier ne pouvaient laisser insensibles ses concitoyens. Aussi, le *Bulletin de la Grande Armée* relatant les exploits du maréchal Mortier au combat de Dierstein où, avec 4.000 Français, il force 30.000 Russes à reculer, provoque-t-il l'enthousiasme de l'administration des membres du Conseil municipal. Ceux-ci décident qu'il sera fait, aux frais de la ville, un buste en marbre du maréchal sur le socle duquel sera gravée cette inscription : « La ville du Cateau au vainqueur de Dierstein, leur illustre citoyen, le brave maréchal d'empire Mortier, faisant ployer l'armée des Russes et la barbarie du Nord devant 4.000 Français » *(sic)*.

Mais la ville ne souffrait pas moins de ces guerres continuelles qui lui enlevaient ses enfants et paralysaient son commerce. Aussi, la nouvelle de la chute de Napoléon et de l'avènement de Louis XVIII qui parvint au Cateau le 9 avril 1814, fut-elle accueillie avec enthousiasme.

Vers le déclin du jour, les cloches, le carillon du beffroi et une explosion de boîtes à feu annoncent

---

(1) Etre une jeune fille « sage » et épouser un ancien soldat.

(2) Les rosières successives furent Anne-Marie-Lefebvre, Marie-Angélique Bonnaire, etc.

les réjouissances qui vont avoir lieu. Le secrétaire de la Mairie fait, du haut du balcon de l'Hôtel de Ville, lecture de l'adresse du gouvernement provisoire au peuple français. Cette lecture est accueillie par de grands témoignages de joie et par les cris de : « Vive Louis XVIII ! Vive la famille des Bourbons ! »

Le lendemain, au point du jour, une nouvelle explosion de boîtes à feu annonce la fête. Vers deux heures, le maire, les adjoints, les membres du Conseil municipal et tous les fonctionnaires publics se rendent dans le grand salon de l'Hôtel de Ville. Tous portent la cocarde blanche.

Le carillon, les cloches du beffroi appellent les habitants sur la Grand'Place. Le maire, en présence des autorités, fait au balcon une seconde lecture de l'adresse du gouvernement provisoire. De nouveau, on entend des cris répétés et longtemps prolongés de : « Vive Louis XVIII ! Vive la famille des Bourbons ! »

Puis le maire adresse à la foule un discours qui respire la joie la plus vive.

« Plus de conscription.

« Plus de droits réunis.

« Plus de droits vexatoires ».

Tels sont les bienfaits promis au peuple français par le roi Louis XVIII.

« Désormais, dit le maire, la terre ne sera plus arrosée du sang des hommes ; le cultivateur ne verra plus ses maisons détruites, ses bestiaux enlevés ; il pourra se livrer avec sécurité à ses utiles travaux et jouir du fruit de ses sueurs ; l'industrie n'aura plus ses bras enchaînés ; le commerce verra tous ses débouchés se rouvrir et des contributions énormes ne pèseront plus sur les Français. »

On arbore le drapeau blanc. Tous les citoyens se parent de la cocarde blanche. Les marques qui, sur les édifices, rappelaient le règne de Napoléon sont effacées.

A huit heures du soir, les cloches, le carillon et une explosion de boîtes à feu donnent le signal d'une illumination générale. Les habitants illuminent leurs maisons; partout se voient des décorations élégantes « et analogues à la fête ».

Vers huit heures et demie, les autorités et les fonctionnaires publics se promènent en corps, précédés de « la musique bourgeoise » par toute la ville.

La populace manifeste immédiatement son aversion contre les employés d'octroi qui sont hués et menacés, au point que la municipalité doit intervenir pour les protéger. Le Conseil charge, le 1er mai, le sieur Bricout de porter au nouveau roi une adresse de fidélité et les nominations du 8 juin changèrent peu la composition du corps municipal.

Dans une délibération en date du 25 février 1815, le Conseil municipal sollicite de Louis XVIII l'autorisation de reprendre les anciennes armoiries du Cateau qui sont : trois tours en or sur fond d'azur, surmontées d'une couronne de comte, avec les ornements extérieurs de l'écu : deux branches de laurier [1].

---

[1] Ces armoiries avaient été reprises le 6 juillet 1812. Elles sont alors désignées : « trois petits clochers en forme d'une tour joignant ensemble avec une couronne de comte ». La délibéra-

En outre, comme la ville se glorifiait d'avoir vu
naître dans ses murs un duc et pair, le maréchal
Mortier, duc de Trévise, le désir unanime du Conseil
est que Sa Majesté daigne changer la couronne de
comte qui surmonte l'écu des armoiries en une
couronne ducale.

En même temps, on réorganisait la garde nationale
et on confiait le soin de cette réorganisation à
MM. Bricout, Hiolin, Lancelle et Deudon.

Etant donné l'état d'esprit des Catésiens, il n'y a
pas lieu de s'étonner de l'enthousiasme avec lequel
Louis XVIII fut reçu, lorsqu'après Waterloo il rentra
en France par le Cateau.

Six jours après la bataille, dès six heures du
matin, la nouvelle se répand, par quelques officiers
français, que le Roi doit arriver le soir même au
Cateau (1). Le maire assemble alors le Conseil municipal, afin de délibérer sur le cérémonial à observer
pour l'arrivée du Roi. Sur ces entrefaites, on entend
dans les rues les cris répétés de : « Vive le Roi! » Le
carillon retentit ; des musiciens parcourent les rues
en jouant des airs monarchiques ; les jeunes filles se

---

tion de 1815 porte : « Considérant que les armoiries rappellent
l'origine de la ville du Cateau qui, primitivement n'étoit que
trois châteaux-forts et que la tradition porte que c'est pour les
avoir défendus et conservés que des souverains du pays firent
concession de ces armoiries aux habitans ».

(1) Voir aux archives du Cateau le procès-verbal de l'arrivée,
du séjour et du départ de Sa Majesté Louis XVIII, roi de France
et de Navarre, les 24, 25 et 26 juin 1815.

concertent pour aller à la rencontre du Roi et lui présenter leurs hommages.

Vers cinq heures, le maire et le Conseil municipal, précédés de la musique bourgeoise, accompagnés d'un détachement de la garde nationale et suivis d'un char de triomphe sur lequel se trouvaient une trentaine de jeunes filles vêtues de blanc, se dirigent vers la porte Saint-Martin, par laquelle le Roi, parti le matin de Mons, doit arriver en passant par Bavai.

D'abord paraît à cheval le frère du Roi, escorté de plusieurs officiers supérieurs. Le maire lui présente les hommages respectueux du Conseil ; le prince l'accueille avec bonté et lui apprend, d'un air vif et gracieux, que le Roi arrive dans une heure. Chacun s'écrie alors « Vive le Roi ! Vive Monsieur le comte d'Artois ! » Le Conseil l'accompagne par le faubourg de Cambrai et s'arrête au palais.

Vers sept heures, le cortège municipal part de nouveau par la porte Saint-Martin, pour aller à la rencontre du Roi.

On fait une pose d'une heure à la première maison du village de Montay.

Vers huit heures, apparaît un détachement de la garde du Roi qui annonce l'arrivée de Sa Majesté. Bientôt, on voit le carrosse royal. La musique joue l'air de Henri IV. Le maire s'avance à la portière, à la tête du Conseil municipal. Après avoir salué respectueusement le Roi, il s'exprime en ces termes :

« SIRE,

« Organe du Conseil municipal de la ville du Cateau, j'ai l'honneur de présenter à Votre Majesté l'hommage de notre respect, de notre dévouement et de notre fidélité. Daignez, Sire, l'agréer en ce jour d'allégresse.

« Notre ville se trouve heureuse d'être la première à posséder quelques jours Votre Majesté, à son retour dans ses Etats. Tous les cœurs volent au-devant de vous, Sire, et répètent à l'envi : « Vive le Roi ! »

Louis XVIII répond d'un air affable : « Je suis content de vos bons sentiments. J'en conserverai le souvenir ». Cette réponse est couverte d'applaudissements et des cris de : « Vive le Roi ! »

Le Conseil s'étant retiré, Melle Emilie Hannequand, fille du maire, s'avance, suivie d'une trentaine de jeunes personnes appartenant aux principales familles de la ville. En quelques mots émus, elle présente ses hommages au Roi, qui donne des marques de contentement. La marche recommence. Le cortège se range derrière la voiture du Roi, qui est entouré des princes et des grands dignitaires de la couronne et suivi de plusieurs voitures et du reste de la garde à cheval. La marche est fermée par un détachement d'infanterie royale. A la porte de la ville, M. Lambiez, curé-doyen du Cateau, se présente précédé de la croix, accompagné de son clergé et des ecclésiastiques de la ville, tous en habits sacerdotaux. Le carrosse s'étant arrêté, M. Lambiez complimente le Roi comme fils aîné de l'Eglise et protecteur de la religion. Puis, trente jeunes gens, en veste et pantalon blancs, détellent les huit chevaux et traînent eux-mêmes le carosse aux acclamations générales. On passe par la rue Saint-Martin, la rue du Clocher-de-la-Ville et, de là, sur la Place où Sa Majesté reçoit les demonstrations d'allégresse des habitants de la cité. Le son des cloches et du carillon, le bruit des boîtes à feu ajoutent encore à la joie.

De la Place, la marche se dirige par la rue et le faubourg de France ; elle s'arrête en face de l'hôtel du maréchal Mortier où doit loger le Roi. Louis XVIII étant entré, le maire et le Conseil de la ville lui présentent de nouveau leurs hommages. Après s'être reposé quelque temps, le Roi se montre à la croisée pour répondre au désir des spectateurs. Le soir, il y a une illumination générale. Une troupe de musiciens parcourt la ville où règne l'animation la plus joyeuse.

Le comte d'Artois, frère du Roi, loge rue de Landrecies, chez M. Bricout père, avocat ; le duc de Berry, rue du Collège, chez M. Deudon, avocat. Le prince de Luxembourg est chez M. Hannequand, maire de la ville. Les ministres du Roi, les grands dignitaires et officiers de la couronne, les ambassadeurs d'Angleterre, du Hanovre et des Pays-Bas sont placés chez les membres du Conseil municipal et chez les principaux habitants. « Le Cateau, par le séjour de Sa Majesté et de toute sa cour, pouvait être regardé momentanément comme la capitale du royaume [1] ».

Le lendemain, dimanche, quoique durant la matinée le temps soit pluvieux, l'affluence est la même dans le faubourg de France, pour y jouir de la vue du monarque. On apprend qu'il se rendra à la paroisse vers onze heures pour y entendre la messe. L'église se trouve remplie avant son arrivée.

A son entrée dans le temple, le Roi est reçu par M. le Curé et son clergé, et conduit sous le dais jusqu'au sanctuaire, où un prie-Dieu et un fauteuil sont préparés pour le recevoir. Le Roi est accompagné de son frère et de son neveu, précédé et suivi des grands officiers de sa maison. A la sortie de l'église, il est reconduit par le clergé jusqu'à sa voiture. Pendant le dîner, « toutes les dames et les personnes honnêtes sont admises dans la salle du couvert successivement et à fur et mesure qu'elles se présentent ».

Dans l'après-midi, on apprend que Cambrai s'est rendu au Roi et que Sa Majesté doit partir le lundi 26 pour y faire son entrée.

La première proclamation de Louis XVIII date du Cateau-Cambrésis. Elle est datée du 25 juin 1815.

Le lundi, le Conseil municipal, informé que le départ du Roi pour Cambrai est fixé à onze heures, se réunit pour aller lui présenter ses devoirs. Admis

---

(1) Procès-verbal de l'arrivée, du séjour et du départ de S. M. Louis XVIII, roi de France et de Navarre, les 24, 25 et 26 juin 1815. (Extrait des registres des délibérations du Conseil municipal, 1815).

au pied du trône, le deuxième adjoint, qui remplace le maire indisposé, adresse à Louis XVIII la parole en ces termes :

« SIRE,

« Nous avons eu le bonheur de posséder quelques instants Votre Majesté ; nous n'en perdrons jamais le souvenir. Nous allons la suivre d'intention dans sa marche vers la capitale, où tous les vœux la rappellent, pour rétablir la religion, le bon ordre et nous rendre le bonheur. »

Le Roi répond alors que les Catésiens sont de bons Français.

Puis Melle Adélaïde Moreau se fait, auprès du Roi, l'interprète des jeunes personnes de la ville et lui présente leurs hommages.

Un instant après, le Roi monte en voiture, précédé et suivi de sa garde et entouré de ses grands officiers. Le cortège passe par le faubourg de France, la Place, le faubourg de Cambrai. Partout, les cris de : « Vive le Roi ! » retentissent. Louis XVIII y répond par des signes de satisfaction.

« Telle est, dit le procès-verbal en terminant la relation dont nous nous sommes borné à donner un résumé, l'esquisse de quelques instants d'un bonheur ineffable, dont la jouissance ne se renouvellera peut-être plus pour nous, mais dont nous sommes jaloux de perpétuer le souvenir à nos arrière-neveux (1). »

----

(1) Le Conseil municipal qui reçut le Roi était ainsi composé :
Célestin Hannequand, marchand tanneur, maire ;
Nicolas Horrie, marchand de draps, premier adjoint ;

Mais Le Cateau devait payer chèrement l'occupation étrangère qui suivit l'héroïque épopée des Cent jours. Pendant que se déroulent les fêtes dont nous venons de parler, la ville est occupée par les Anglais. Dès le mois de juillet, ceux-ci sont remplacés par le 26e régiment d'infanterie prussienne et les réquisitions abondent : logement chez l'habitant, fourniture de draps, de toiles, de batistes pour les soldats ou pour le compte personnel des officiers. Rien qu'en réquisitions, du 22 juin au 12 décembre, les frais s'élèvent à 22.213 francs. Dans cette somme, n'est pas comprise la bagatelle de 3.862 fr. 95 pour frais de table du général prussien Roder, logé dans la maison du maréchal Mortier du 7 au 24 novembre. Il

Pierre Roumy, marchand de draps, deuxième adjoint ;
Charles Deudon, avocat et notaire ;
Aimé Denisse, propriétaire ;
Charles Leroy, avocat ;
Henri Hannequand, avocat ;
Augustin Moreau, marchand de draps ;
Isidore Sartiaux, brasseur ;
Delcambre Demérival, suppléant du juge de paix ;
François Dancoisne, propriétaire ;
Nicolas Druart, militaire pensionné ;
Siméon Debeaumon, médecin et juge de paix ;
Auguste Lancelle, marchand ;
Théodore Hiolin, cultivateur ;
Nicolas Pierrart, propriétaire ;
Léopold Piette, brasseur ;
Maximilien Bricout fils, notaire, major de la garde nationale ;
Jean-Baptiste Lozé, pharmacien ;
Louis Vérin, greffier du juge de paix ;
François Goffart, propriétaire et maître des postes.

est vrai que l'administration décida que cette somme serait supportée par le maréchal qui dut trouver un peu cher l'honneur de traiter un pareil convive. Le 21 janvier 1816, on décide de loger le 6ᵉ régiment de chasseurs russes dans le collège, mais cet établissement est réquisitionné pour être affecté à un hôpital de brigade russe de deux cents lits, et la ville se décide à faire l'acquisition d'une maison appartenant à la veuve Tilmant pour y loger les troupes. A partir du 3 septembre, la ville reçoit aussi une partie du 41ᵉ régiment russe et il faut bientôt faire les dépenses nécessaires pour établir au dehors une poudrière, car celle que les alliés ont établi au faubourg de France menace la sécurité des habitants. La grande salle de l'Hôtel de Ville servait d'église aux troupes russes, de sorte qu'on ne put y faire les réparations nécessaires. La poutre maîtressse s'étant brisée, on dut se contenter de l'étayer. La tradition rapporte que le corps de garde établi en cet endroit se servit des papiers des archives pour se chauffer, et c'est probablement à ce fait que nous devons la perte des pièces intéressant la période du Directoire. A cela vient s'ajouter, en 1817, une disette de grains qui amène la ville à distribuer près de 4.000 francs aux malheureux.

Pendant ces moments si pénibles, l'administration municipale, ayant à sa tête M. Bricout de Canteraine (¹), sut se montrer à la hauteur de sa

---

(1) Sur ce personnage, voir la *Notice biographique* publiée dans le *Musée biographique*, panthéon universel.

tâche. Aussi, c'est avec une légitime fierté qu'en 1819, ce magistrat, faisant remarquer l'absence de dettes, ajoutait : « Cet état, messieurs, est d'autant plus satisfaisant que vous avez pu apprécier, pendant trois ans d'occupation, les charges énormes qui paisoient *(sic)* sur la ville, les demandes journalières qui étoient faites à l'administration et le peu d'attention qu'on apportoit à la conservation des bâtimens de la caserne et de son mobilier. Personne de vous n'ignore combien il a fallu de force et de courage pour diminuer, atténuer, réduire ou refuser les demandes qui étoient faites à chaque instant par une garnison aussi nombreuse qui occupoit cette place ». Les exhortations qu'il adressait à ses administrés pour faire rentrer les contributions auraient pu, cependant, avoir parfois un ton moins blessant que celle du 12 août 1816 que nous croyons intéressant de reproduire, car elle montre que l'enthousiasme royaliste n'existait pas également chez tous : « Le maire de la ville est convaincu que, quoique la plus grande partie de ces contributions soient dues pour fournitures faites pendant l'interrègne, les fidèles sujets du Roi sentiront la nécessité de les acquitter pour fournir à Sa Majesté les moyens de les payer. Ceux qui ne savent pas encore apprécier le bonheur d'avoir leur légitime souverain s'empresseront sans doute de se libérer de suite, puisqu'ils sont la cause qu'elles ont été faites ».

Sous l'administration de M. Bricout, la ville allait d'ailleurs trouver dans l'industrie une source de développement et d'accroissement, et c'est là beaucoup plus que dans les luttes politiques, que se trouve désormais l'intérêt de l'histoire de notre cité. Si nous nous en rapportons à la statistique du préfet Dieudonné, l'industrie, en 1801, n'avait guère varié au Cateau depuis 1789. Une savonnerie et deux tanneries avaient même disparu ; seule l'industrie des gazes ou clairs à jours avait augmenté et le nombre des métiers battant était passé de trente-cinq à quarante. En l'an XIII, le Conseil demandant l'établissement d'un dépôt de mendicité, fait observer que la ville n'a aucune industrie. Mais dès que la paix est rendue à la France, la filature et le tissage qui, de tout temps, avaient été en honneur dans la ville, se développent, attirant un certain nombre d'étrangers. C'est ainsi qu'en 1817, nous voyons arriver les sieurs Piot, Weippert de Stuttgart, en 1819, Durand de la Martinique, employés chez Ladrière ; en 1824, Charles et Auguste Seydoux, nés à Vevey. En 1812, le sieur Ladrière avait installé une fabrique de cotonnades et de basins dans l'ancien palais de Fénelon, qu'il avait acheté au sieur Demodre. Il y fit construire des caves immenses, ou plutôt de véritables sous-sols, parce que le coton ne pouvait être tissé que dans des caves un peu humides. Ce coton, dit *longote,* valait 1 fr. 50 l'aune de France, équivalant à 120 centimètres, tandis que l'aune du Cateau ne faisait que 75 centimètres. Le salaire de l'ouvrier était de 21 sous par aune de France. En 1817, la filature, dirigée par Ladrière et Piot, faisait marcher plus de cinq métiers et comprenait

5.000 broches, chiffre qui, en 1819, passe à 6.876 broches.

Le sieur Paturle, aidé de son beau-père, M. Lupin, ancien canut de Lyon, créa une autre fabrique pour le mérinos. L'établissement comprenait peignage, filature et retordage de la laine peignée. Le 29 octobre 1824, fut accordée l'autorisation d'établir une machine à vapeur fumivore de vingt chevaux. Pour l'aider, M. Paturle fit venir de Reims M. Ponsin, dont la sœur épousa l'un des employés de l'établissement, M. Auguste Seydoux. Ce fut ce dernier qui remplaça M. Ponsin, lorsque celui-ci partit fonder une industrie similaire aux environs de Reims. La maison devint bientôt assez influente pour que M. Charles Seydoux fût élu commandant en chef de la garde nationale en 1831, ce qui provoqua de vives réclamations, car il était de nationalité suisse. Mais ceci ne l'empêcha pas, lors de la réorganisation de cette armée, de rester capitaine en second de la première compagnie. A côté de ces nouvelles industries, celle de la tannerie ne se développait guère. En 1817, la ville accusait sept tanneurs, mais ils avaient peu de capitaux et faisaient peu d'affaires.

Ces industries nouvelles amenaient avec elles un accroissement de population. De 3.911 habitants en 1802, la ville passe à 4.229 en 1820, et à 4.712 en 1826. Cette augmentation de la population exigeait de nouveaux sacrifices de la part du Conseil. Déjà, en mai 1818, le Conseil avait émis un vœu tendant à obtenir des maîtres et maîtresses pour les enfants pauvres dont les parents ne pouvaient fournir les rétributions scolaires, mais les troupes alliées occupant les bâtiments disponibles, il fallut remettre à plus tard l'exécution de cette mesure. En mai 1819, M. Bricout, aidé de M. de Garsignies, sous-préfet de Cambrai, obtint de la direction des Frères des Écoles chrétiennes les maîtres nécessaires pour cette école, qui s'ouvrit en octobre 1821. La même année, le Conseil vote un secours de 400 francs pour des Sœurs anciennes qui s'établissent au Cateau (1). Enfin, le 19 novembre 1826, une ordonnance royale permet aux religieuses de Notre-Dame d'ouvrir un pensionnat pour les jeunes filles.

1830 modifia à peine la composition du corps municipal ; M. Bricout fils, qui avait remplacé son père comme maire depuis 1827, donna sa démission ; il fut remplacé par M. Régis Rodriguez, qui eut pour adjoints MM. Mallet-Sculfort et Lozé. Le Conseil vota, le 30 octobre, une adresse de fidélité au nouveau régime. Il eut, d'ailleurs, bientôt l'occasion de faire éclater son zèle lors de la famine et de l'invasion du choléra.

La période qui va de 1829 à 1831 fut, en effet, marquée par une rigoureuse misère. L'hectolitre de blé qui, en 1825, se vendait 17 francs pour la bonne qualité, se vend, en 1829, 23 francs, et le blé de médiocre qualité passe de 12 à 20 francs. Une certaine fermentation existe dans le peuple et, dès le

---

(1) Il s'agit là de plusieurs Sœurs chassées de leurs couvents par la Révolution. Elles étaient au nombre de six.

17 avril 1829, il faut défendre les attroupements. Le
19 janvier 1830, le rapporteur peut dire au Conseil :
« Depuis plus d'un mois, un froid rigoureux s'est
fait sentir et augmente les besoins des malheureux ;
les vieillards, les infirmes, les indigens chargés d'une
nombreuse famillle, privés de chauffage, sont en
proie aux plus grands besoins ». A cette époque, le
Bureau de bienfaisance a déjà épuisé toutes les ressources dont il peut disposer. Le blé augmente encore en
1830 et atteint 24 fr. 50 pour le meilleur blé. Pour
secourir ces misères, le Conseil prit des mesures ; le
4 mars 1831, une Commission de cinq membres fut
chargée de venir en aide aux malheureux et, le jour
suivant, une autre fut créée dans le but de leur
procurer du travail.

Vis-à-vis de l'épidémie du choléra qui, après avoir
dévasté la France, fit son apparition au Cateau, la
municipalité ne montra pas moins d'initiative. Le
16 novembre 1831, fut constituée une Commission
sanitaire, à la tête de laquelle fut mis M. Lozé. Des
arrêtés municipaux défendirent de tenir des poules,
des lapins dans les maisons particulières, en même
temps qu'ils ordonnaient l'usage du chlorure de
chaux, l'enlèvement des ordures, etc. Le 14 décembre,
nouvelles ordonnances concernant les latrines. Le
18 avril 1832, on décidait la création d'un hôpital
temporaire dans un lieu éloigné du centre de la ville.
Au mois d'août, il était encore nécessaire de former
une commission de surveillance dont firent partie
les docteurs Lesage, Debeaumont, Pétel et Carlier.

L'épidémie n'arrêta pas d'ailleurs l'essor qu'avait

pris l'industrie. A Auguste Seydoux vient se joindre son frère Charles, ancien garde du corps, et en 1834, l'usine emploie les peigneuses mécaniques. La manufacture du palais est moins heureuse. Après la mort de M. Ladrière, sa veuve épouse M. Cesbron, de Saint-Quentin, mais à la suite de spéculations malheureuses, ils sont obligés de céder l'établissement à M. et Mme Lozé-Duminil pour la somme de 112.000 francs (1832). Ceux-ci la revendent en 1833 à une Société formée par MM. Largillière, Forceville, Duvert et Cie, mais le départ de M. Largillière [1] oblige la Société à céder de nouveau l'immeuble à M. Bricout. Somme toute, en 1848, il existait 30.000 broches au Cateau [2] et 60.000 broches pour la laine et le coton. Les machines avaient une force de 140 chevaux.

Malheureusement, la ville perdait l'occasion de se développer davantage encore en ne donnant pas à la gare du Cateau l'importance qu'elle devait avoir et qui fut réservée à celle de Busigny, par suite de la mauvaise volonté de la Chambre de Commerce de Cambrai. Le 13 février 1838, la municipalité, présidée par M. Sartiaux-Morcrette, avait cependant émis un avis favorable à la construction de la ligne Paris-Bruxelles par Saint-Quentin, Busigny et Le Cateau.

---

[1] Ancien intendant militaire, il fut chargé d'une mission par le gouvernement.

[2] A. D. MXII a¹ 12.

LE CATEAU DE 1848 A NOS JOURS

Comme dans toute la France, l'année 1847 avait été terrible pour Le Cateau ; beaucoup d'ouvriers étaient sans travail, et comme nous le verrons, les autres n'avaient guère à se louer de leur situation matérielle. Le blé avait augmenté dans des proportions inquiétantes et avait atteint 43 francs pour la qualité médiocre. Aussi, la Révolution de 1848 fut-elle accueillie avec faveur dans notre ville. Le maire, M. Sartiaux, donna sa démission, mais M. Petit réunit les membres du Conseil le 29 février, à midi, et leur annonça la nomination du gouvernement provisoire. En même temps, la cloche de l'Hôtel de Ville convoquait les habitants, à qui on lut la lettre du sous-préfet annonçant le changement. Dès trois heures, le Conseil adhérait au nouveau gouvernement. Plus tard, quand la municipalité fut dissoute et qu'une Commission provisoire fut nommée, M. Chantreuil remplit les fonctions de maire ; MM. Lozé et Facon, celles d'adjoints.

Cette Commission municipale eut à faire face à une situation difficile. La Révolution politique se compliquait au Cateau, comme dans la plupart des villes industrielles, de la question ouvrière. Les artisans de cette ville étaient de ceux qui étaient le plus mal payés dans le département du Nord. Le salaire des 1.200 femmes et des 800 enfants employés dans la filature n'était que de 0 fr. 30 par jour. Le travail de la laine et du coton occupait 8.900 ouvriers. Le fileur entrait en apprentissage à onze ou douze ans et cet état durait dix-huit mois. Le rattacheur était payé 1 fr. 25 ; le fileur, 3 francs. Le peignage se faisait à domicile, mais était nuisible à la santé. Quant au tissage, il était continu pendant douze heures à l'atelier, quinze heures dans le travail libre, si le tisseur voulait nourrir sa famille et rapporter au maximum 0 fr. 80 à 1 franc. Enfin, si nous nous en rapportons au rapport de l'enquête sur l'industrie, tous les abus habituels étaient pratiqués au Cateau sur une large échelle : marchandage, sous-entreprise, démoralisation par le travail de nuit, insuffisance du salaire et de la nourriture [1].

En outre, ajoutons le défaut de logements salubres. Beaucoup d'ouvriers habitaient dans ces caves dont Victor Hugo nous a tracé un tableau si sombre dans ses *Châtiments* [2], moins sombre cependant que la

---

[1] Pour toute cette période, voir GOSSEZ. *Le Département du Nord sous la Deuxième République* (Lille, 1904, in-8°).

[2] III. IX. II.

> Millions ! millions ! châteaux ! liste civile !
> Un jour je descendis dans les caves de Lille,
> Je vis ce morne enfer.
> Des fantômes sont là, sous terre dans des chambres,
> Blêmes, courbés, broyés, le rachis tord leurs membres
> Dans son poignet de fer.

cruelle éloquence du rapport officiel. Or, avec la Révolution de février, ce peu d'argent que donnait le travail disparaît ; les usines de laine et de coton ferment leurs portes, n'osant, devant l'insécurité du lendemain, continuer leur production. Malgré les appels au calme du *Journal du Cateau,* la nécessité allait amener des troubles.

Le jour même de son installation, la Commission municipale décidait de venir en aide aux ouvriers en créant des ateliers nationaux [1]. Un travail utile dont il était question depuis longtemps se présentait justement. Il s'agissait de construire une route pour relier la ville à l'arbre de Guise. Présenté pour la première fois en 1845, le projet avait été décidé en principe le 13 juin 1846. Le 17 août 1847, 23.500 francs avaient même été votés à cet effet, mais les travaux n'étaient pas encore commencés, et ceci en dépit des réclamations pressantes de la commune [2]. Malgré la bonne volonté des administrateurs, on ne pouvait pourtant débuter de suite, aussi l'effervescence ne tarde pas à grandir.

Le 31 mars au soir, un rassemblement de plus de trois cents personnes se forme devant la demeure du sieur Augustin Mouton, connu pour ses opinions légitimistes, et en fait un véritable siège. Dans la crainte du renouvellement de ces faits, il faut prendre de sérieuses mesures d'ordre.

Le 2 avril, la Commission décrète la fermeture des

---

[1] Les ateliers nationaux n'ont guère fonctionné au Cateau ; on se contentait de confier aux ouvriers, qui se trouvaient sans occupation, le travail des routes communales.

[2] A. D. MXII a¹, 12.

cafés ; le 3, elle interdit les rassemblements, recommande aux parents de ne pas laisser courir les enfants dans les rues et, comme à Paris (1), exige que pendant la nuit la façade de chaque maison soit éclairée. La garde nationale est convoquée et doit se tenir prête à marcher. Le 4, de grandes précautions sont prises contre les étrangers; les logeurs doivent immédiatement faire connaître l'identité et le but de voyage des individus de passage, etc... De nouveaux incidents amènent, le 5, l'interdiction de tirer des coups de fusils ou des pétards ; les parents sont responsables des enfants qui manqueraient à cette ordonnance. Enfin, le 8, il est recommandé de fermer les corridors où, pendant les charges, les manifestants pouvaient se réfugier. La ville était donc presqu'en état de siège lorsque, le 13, fut planté l'arbre de la liberté, cérémonie que les troubles avaient fait retarder jusque cette date. Cependant, peu à peu le travail s'organisait. Le 11 avril, paraissait le règlement des ateliers nationaux et, le 28, la Commission chargée de les surveiller était nommée. Elle comprenait MM. Facon, Flavigny, Ognier, Vinchon, Cousin, Delobel, Delvallée et Lozé (Abdon). Pour subvenir aux frais que la construction de la route de l'Arbre de Guise exigeait, la Commission décidait un emprunt de 40.000 francs.

---

(1) L'éclairage de la ville était nul, et on craignait les insurgés ; des patrouilles avaient lieu chaque nuit dans la ville et au-delà. C'est à cette époque qu'une terreur panique s'empara de tous les esprits. Le bruit courut que les charbonniers d'Anzin pillaient la fabrique. Beaucoup prirent les armes et partirent à leur rencontre par diverses routes ; mais ils ne rencontrèrent personne.

Le 16 juillet, on annonce la future installation du nouveau Conseil des Prud'hommes [1], qui doit contenir des représentants de trois catégories : la première, comprenant les représentants de la filature, du tissage de la laine et du coton ; la seconde, de l'industrie des étoffes de laine, de coton, de soie et de lin, des tulles, batistes, de la mercerie, de la teinture et de l'impression ; la troisième, des sucreries, huileries, tanneries, ferronneries.

Chose curieuse, malgré la tension si vive qui, pendant quinze jours, avait régné au Cateau, l'enquête sur l'industrie et l'agriculture, qu'avait décidée le décret du 25 mai 1848, rencontra peu de sympathie au Cateau. Ni patrons, ni ouvriers ne se présentèrent, et ce fut le juge de paix qui dut fournir lui-même les renseignements. Au reste, le prix du blé baissait; nous trouvons le prix du blé médiocre à 11 fr. 50 au mois de novembre, et il semble bien que la fête de la promulgation de la Constitution, célébrée le 19 de ce mois, fut assez animée. Elle fut annoncée la veille par une sonnerie de cloches. Le jour même, il y eut promulgation du haut de l'Hôtel de Ville, revue de la garde nationale et grand'messe. Le soir, les places et les rues furent illuminées.

La Commission des logements insalubres, nommée en vertu de la loi de 1850, vint plus tard aider encore à l'amélioration du sort des travailleurs. Dès sa

---

[1] En 1844 (18 juillet), il en avait été institué un pour les cantons du Cateau, Clary, Solesmes, Englefontaine et Poix. Le Cateau avait sept représentants.

première sortie, elle fit fermer ou assainir dix-neuf caves ou taudis. Mais l'épidémie du choléra, *la maladie des gueux*, qui éclata en 1849, avait fait, hélas ! beaucoup de victimes [1].

En même temps, le peignage à la main disparaissait par suite de l'introduction, dans l'usine Seydoux, de peigneuses Heilmann. Plus tard, le gouvernement impérial, voulant soutenir le travail du Cateau, avança à la Société du palais, dirigée par M. Truffot, la somme de 300.000 fr. qui ne fut jamais restituée. M. Constant Lozé fit de même construire, en 1868, pour cette Société, une machine à vapeur et des ateliers de tissage mécanique qui, par voie d'amortissement, devaient appartenir à la Société.

Le 12 mai 1849, M. Charles Seydoux qui, sous la monarchie de juillet était orléaniste opposant, avait été nommé représentant du peuple sur une liste composée de bonapartistes et de royalistes.

La Révolution de 1848 avait attiré l'attention sur les besoins de la classe ouvrière [2]. Aussi, de 1848 à 1870, les œuvres d'assistance sociale vont se multiplier, améliorant la condition économique et morale des travailleurs. Le représentant du peuple donnait

---

(1) LÉCLUSELLE. *Histoire de Cambrai et du Cambrésis, de 1789 à nos jours*. (Cambrai, 1875, 2 vol. in-8°).

(2) Nous devons mentionner M. le marquis de Lafons, maire peu de temps, qui n'a pas établi d'œuvres, mais dont la vie a été remarquable par une grande charité envers les ouvriers et les pauvres, par un grand dévouement envers les malades à l'époque du choléra, et envers les blessés pendant la guerre de 1870.

l'exemple en cédant à la ville la maison dite la *grande caserne,* située au faubourg de France, afin d'y ouvrir une salle d'asile pour les enfants pauvres. Des religieuses devaient diriger cet établissement; or, la ville avait contracté une dette de reconnaissance envers les Sœurs Augustines qui, de 1849 à 1850, étaient venues combattre l'épidémie du choléra, dirigeant l'ambulance provisoire et visitant les malades à domicile. Le 3 mai 1850, le Conseil municipal leur confia la direction de l'asile et plus tard, le 12 novembre 1853, sous la présidence de M. Auguste Seydoux, il leur céda un autre terrain, sous la condition qu'elles seraient chargées de l'instruction des enfants pauvres [1].

La Société Paturle, Seydoux, Sieber et Cie fonda de même, en 1852, l'asile de la Sagesse [2], où furent élevées gratuitement les petites filles des ouvriers. Une autre œuvre, celle des Enfants Pauvres, naquit la même année sous l'influence de M. le doyen Wallez et d'un groupe de dames, parmi lesquelles nous citerons Mme Flayelle-Waquet et Melle Levent. Elle

---

[1] Cette condition n'a pas été respectée. Depuis le 1er octobre 1906, l'asile a été confié à une directrice laïque.

[2] L'asile libre de la Sagesse a été fermé en l'année 1904; les Sœurs en ont été expulsées. Mme veuve Charles Seydoux l'a cédé à la commune pour le prix du terrain. Il est aujourd'hui dirigé par des institutrices laïques. On avait établi, à côté de l'asile, une école libre pour les jeunes filles des ouvriers. Cette école a été frappée comme l'asile. Les Sœurs ont quitté Le Cateau, emportant avec elles les regrets des familles.

avait pour but de confectionner des vêtements pour les enfants qui fréquentaient les écoles.

Ce fut encore, en 1863, M. Charles Seydoux qui créa l'asile Saint-Charles, pour les vieillards, et fournit l'argent nécessaire pour le premier établissement, tandis que les membres du Bureau de bienfaisance se chargeaient des réparations aux bâtiments.

Mais l'œuvre principale fut l'hôpital Paturle, que fonda Mme veuve Paturle-Lupin le 16 mai 1861, et qui devait être dirigé par des Sœurs de la Sagesse. Elle lui donna, de plus, 8.000 francs de rente. Ce nouvel établissement fut solennellement inauguré le 5 octobre, en la présence du sous-préfet et de Mgr l'Archevêque de Cambrai [1]. Le *Journal du Cateau* nous a laissé, des fêtes qui furent célébrées en cette occasion, un récit qui montre combien la population fut sensible à ce bienfait. Un feu d'artifice et des illuminations clôturèrent la journée.

L'exemple de Mme Paturle fut d'ailleurs bientôt suivi. En 1869, M. Delhay donnait à l'hôpital deux maisons et 3.000 francs [2]. Dans les six premiers mois de son existence, l'hôpital reçut cent soixante-seize malades, dont cent soixante-deux sortirent guéris. En ce moment, l'hôpital comprend quarante-trois lits [3].

---

[1] Mgr Régnier.

[2] M. Delhay aurait voulu être un bienfaiteur de l'hôpital, mais faute de dispositions testamentaires légales, ses intentions ne furent pas respectées.

[3] Parmi les donateurs, nous citerons M. Martin du Nord, M. et Mme Auguste Seydoux-Ponsin, M. et Mme Sieber-Seydoux, M. Regnaudin, Mme Moreau, le duc de Trévise, Mme veuve Charles Seydoux, M. Constant Lozé, Mme Wauters-Morcrette.

En même temps que ces œuvres charitables, divers services publics étaient créés. Le 14 août 1856, la construction d'un abattoir était décidée ; en 1857, c'était l'installation de l'éclairage au gaz pour la ville (16 mai). Le 8 juin de la même année, le Conseil approuvait la construction, sur l'emplacement de l'ancien cimetière [1], d'une caserne de gendarmerie pour recevoir deux brigades, l'une à pied, l'autre à cheval.

Un projet d'établissement de caisse d'épargne rencontrait moins de faveur. Il avait déjà été repoussé en 1847. Si le Conseil donnait un avis favorable le 24 novembre 1858, il déclarait le 24 janvier suivant ne pas vouloir donner suite à son vote, car il existait une caisse établie par la raison sociale Paturle, Lupin, Seydoux et Sieber, qui recevait les fonds des ouvriers et des habitants. Elle présentait l'avantage de donner 5 % au lieu de 4 % et de produire intérêt dès le lendemain du dépôt. Toutefois, sur une nouvelle demande du préfet, le Conseil décida, le 14 novembre 1860, la création d'une caisse officielle. Les quinze premiers administrateurs, dont cinq furent pris dans le sein du Conseil, furent désignés le 8 avril de l'année suivante [2].

---

[1] Par une décision du 31 août 1838, le cimetière avait été transféré sur la route de Fesmy. Il fut béni solennellement le 10 avril 1845, par M. le doyen Wallez.

[2] Ce furent MM. Devaux Alfred, Delsarte Edmond, Lozé Morcrette, Ponsin, Sartiaux Jules, Boudard Morcrette, Devaux Charles, Chantreuil-Boitot, Fiévet fils, Flayelle Ternant, Lavandier, Pénart, notaire ; Ponsin Charles et Seydoux fils.

On cherche dès lors à trouver le moyen de distribuer l'eau à domicile.

En 1866, un bureau télégraphique est installé au Cateau. Enfin, le 15 mai 1869, le Conseil décidait la construction de deux nouvelles classes pour les Frères. La rétribution scolaire était fixée à 16 fr. 50, 27 fr. 50, 33 francs par an, suivant qu'il y avait un, deux ou trois enfants de la même famille [1].

L'influence de la famille Seydoux ayant développé le protestantisme dans la ville, un temple fut bâti en 1852; le 24 janvier 1859, une place de pasteur du rite de l'Eglise réformée de France fut créée, mais la paroisse ne fut constituée que le 18 janvier 1866. De même, une école protestante fut établie et fut plus tard subsidiée par la ville [2].

Le culte catholique n'était d'ailleurs pas négligé. La vie paroissiale se manifestait par la fondation d'œuvres comme celle de Sainte-Elisabeth qui veillait à l'ornementation de l'église, l'archiconfrérie du Très-Saint et Immaculé Cœur de Marie, l'association des Mères chrétiennes.

La guerre de 1870 allait de nouveau amener l'occupation étrangère. La municipalité alors au pouvoir n'eut, au début, qu'à s'occuper du recensement pour la garde nationale et des soins à donner aux premiers blessés qui arrivèrent le 9 septembre et furent logés dans une ambulance au faubourg de

---

[1] Pour le collège, les prix étaient 33, 55 et 66 francs.
[2] Cette école a été supprimée à la fin de l'année scolaire 1906. Elle ne comptait plus que quelques élèves.

France et chez les particuliers. Malgré la dissolution des conseils municipaux, décrétée par le gouvernement provisoire, M. Chantreuil resta à la tête de l'administration, remplissant les fonctions de maire, mais une Commission de vingt-trois membres fut constituée le 10 septembre par le sous-préfet. Le plus grand enthousiasme animait cette assemblée qui, séance tenante, créa un Comité de défense chargé de surveiller l'ennemi *(sic)* et remarquable par son hétérogénéité. Outre les officiers de la garde nationale, il comprenait le chef de gare, le commissaire de police, le préposé en chef de l'octroi, le directeur des postes, le receveur des contributions indirectes, etc. Le citoyen Lacourte est délégué à Cambrai pour prendre livraison de deux cents fusils à la sous-préfecture. Une garde spéciale, composée d'un officier, d'un tambour, de huit hommes pendant le jour, de seize pendant la nuit, est chargée de surveiller l'Hôtel de Ville. En même temps, un manifeste était adressé aux habitants pour leur annoncer la proclamation de la République (1). C'était d'ailleurs l'époque des

---

(1) « La République est proclamée par toute la France. Le gouvernement déchu, seul cause des maux de la Patrie, n'a laissé après lui que la ruine et la honte !

« C'est à l'administration municipale provisoire et républicaine qu'incombe dans ses attributions le soin d'en atténuer les déplorables effets.

« Son mandat n'est que provisoire.

« Sa devise est : Ordre, Liberté, Union !

« Quelles que soient les circonstances pénibles dans lesquelles elle soit appelée à défendre les intérêts de la ville, ses concitoyens peuvent compter sur son patriotisme le plus désintéressé.

manifestes ; le 14, M. Lozé, commandant de la garde nationale, en adresse un à ses troupes en les appelant aux armes et, le 25 septembre, la Commission municipale ne jugeant pas ses administrés suffisamment échauffés, leur adressait la proclamation suivante :

« Citoyens,

» Un ennemi vainqueur et insolent nous demande de décréter nous-mêmes la mort de la France.

» Le voulez-vous ?

» Voulez-vous, après avoir châtié l'infamie des incapables et des traîtres qui nous ont livrés à l'ennemi, subir les honteuses conditions qu'il ose nous proposer ?

» Voulez-vous, après avoir été dans le passé la première nation du monde, devenir dans l'avenir le plus méprisable des peuples ?

» Voulez-vous, après avoir été les héros de 92, rester les hommes dégénérés de 1870 ?

» Non !

» Vous voulez, nous voulons tous conserver notre honneur intact, notre dignité entière, la sécurité de nos foyers, l'indépendance de notre territoire.

» Donc il faut nous défendre.

» Plus de bulletins de vote, mais des fusils ; plus de discussions, mais des armes.

« Dès que l'ennemi sera refoulé de notre sol, son pouvoir cesse ; et les électeurs appelés à élire un nouveau Conseil municipal, pourront, s'ils le jugent, lui prouver qu'elle a bien mérité du pays.

« Vive la France et Vive la République ! »

» Ceux qui, en ce moment, acceptent le pouvoir, ne sont pas des ambitieux, mais des ouvriers de bonne volonté attachés au rude labeur de la défense nationale.

» Ils ne réclament qu'un seul privilège : marcher en avant, conduire leurs concitoyens au danger, vaincre à leur tête, ou mourir au milieu d'eux.

» Que le gouvernement de la Défense nationale les appelle ; ils sont prêts.

» Citoyens,

» Préparez-vous aussi ; la France fait appel au dévouement de ses enfants, que ses enfants lui répondent : « Mère, nous voilà » et la France sera sauvée.

» Aux armes, citoyens !

» Vive la France ! Vive la République ! »

MM. Lacourte et Dormay, envoyés à Condé pour acheter des chassepots, achetaient à Mons cinq cents fusils Snider qui étaient refusés le 26 octobre, parce que le vendeur ne fournissait pas les cartouches ; puis, devant l'approche des Prussiens, comme on avait décidé, dans la séance du 6 octobre, de ne se défendre que devant un corps d'éclaireurs, il faut évacuer sur Cambrai les fusils que le vendeur ne veut pas reprendre. Le 19 octobre, avaient eu lieu les élections de la garde nationale, à l'effet de nommer un capitaine en premier, un capitaine en second, deux lieutenants, deux sous-lieutenants, un sergent-major, un sergent-fourrier, huit sergents et seize caporaux ; six délégués devaient élire le chef de bataillon.

Entre temps, des mesures plus sérieuses étaient

prises. Le 14 septembre, une Commission de cinq membres était chargée de venir en aide aux malheureux que le départ des leurs avait laissé dans la misère ou à qui la stagnation des affaires ne permettait pas de travailler. Une somme de 10.000 francs était votée pour venir à leur secours. Devant la misère croissante, la municipalité, après avoir pris l'avis des plus haut imposés, décidait même un emprunt de 100.000 francs à 5 % d'intérêt, et cette décision était prise à la majorité de vingt-quatre voix contre une. Le 26 décembre, des fourneaux économiques s'ouvraient. Le 4 octobre, on avait décidé l'émission de bons municipaux de 1, 2, 5, 10, 20 francs contre le paiement en billets de banque. Malheureusement, pour mettre le comble au désarroi, le maire [1] démissionnait, ainsi que le commandant de la garde nationale, par suite d'un différend qu'ils avaient eu entre eux. On était à la veille de l'arrivée des Prussiens.

Cette décision ôtait à la ville toute velléité de résistance. Le Cateau avait cependant eu sur son territoire plus de cinq mille soldats. Outre les mobiles de l'Aisne, étaient arrivés, le 1er janvier 1871, mille hommes du 40e de ligne, autant du 3e et huit cents mobiles des Ardennes, mais après avoir essayé de dégager Busigny occupé par l'ennemi, ces troupes s'étaient repliées sans combat sur Le Quesnoy. Le

---

[1] M. Chantreuil, nommé président de la Commission municipale, remplit les fonctions de maire du mois de septembre au mois de janvier.

21 janvier, deux à trois cents cavaliers ennemis
envahissent la ville, cernent l'Hôtel de Ville, brisent
les appareils télégraphiques et, pistolet au poing,
sabre au clair, emmènent M. Truffot [1] à la gare,
qu'un fort peloton occupe déjà. Pendant ce temps,
des colonnes serrées d'infanterie, avec artillerie,
comptant quatre à cinq mille hommes, viennent se
ranger en bataille sur la place et l'officier qui les
commande réclame, dans le délai d'une heure, des
vivres pour ses troupes et le désarmement complet de
la garde nationale et des habitants. En même temps,
la ville et le canton sont taxés pour une contribution
de guerre de 850.000 francs. Le 24, le Conseil s'assem-
bla pour chercher les moyens de trouver cette somme
et MM. Morcrette et Guyot furent délégués au général
en chef qui se trouvait près de Saint-Quentin, afin
d'obtenir une diminution, comme cela avait eu lieu
pour Solesmes. Entre temps, un incident regrettable
se produisait. L'officier commandant ayant demandé
au maire de désigner deux otages, celui-ci réunit le
Conseil municipal pour désigner deux de ses membres
par voie de tirage au sort, mais dans cet intervalle,
les Prussiens s'emparaient de MM. Chantreuil et
Auguste Seydoux [2]. L'impression semble avoir été

---

[1] Qui a remplacé M. Chantreuil.

[2] MM. Chantreuil et Auguste Seydoux, élus comme otages,
furent dirigés sur Amiens. Le froid était rigoureux. Quand ils
furent arrivés à Saint-Quentin, M. Auguste Seydoux fut pris
d'un accès de goutte qui l'empêcha de marcher. Il fallait
traverser la place, M. Chantreuil s'offrit à porter son compagnon

défavorable parmi les populations, car le Conseil, en décidant l'envoi de MM. Collart et Grozo au général prussien, crut utile de se disculper. Le 27, eut lieu le vote de l'emprunt nécessaire pour la libération des otages [1].

Malgré la signature de l'armistice, le 23 janvier, les Prussiens n'en restèrent pas moins au Cateau. Le maire Truffot était gardé à vue par un officier prussien dans la salle du greffe et ce, en dépit des protestations que le Conseil fit entendre le 26 et le 31 janvier.

La ville où résidaient les services de la préfecture de l'Aisne fut un certain temps avant de retrouver le calme ; le 21 février, la Commission municipale doit intervenir pour faire ouvrir les bureaux de la caisse d'épargne qui restent fermés. Le 30 mars, cette Commission elle-même, blessée par le décret qui confie aux anciens Conseils le soin de présider aux élections, donne sa démission et est remplacée par une autre que préside M. Auguste Seydoux (14 mai). M. Truffot fut, d'ailleurs, réélu maire le 8 juillet.

Sous la Troisième République, la ville allait

---

sur son dos ; c'est ainsi qu'ils purent gagner l'extrémité de la place de Saint-Quentin.

M. Auguste Seydoux ne tarda pas à revenir au Cateau, grâce à une puissante intervention. Il était réservé à M. Chantreuil de goûter seul pendant quinze jours les amertumes de la captivité.

[1] On essaya de recueillir, au moyen de souscriptions, la somme que les Prussiens demandaient pour rançon. On ne put réussir ; la maison Seydoux avança la somme de 200.000 fr. qui fut remboursée après l'emprunt.

poursuivre son progrès industriel. En même temps, les idées nouvelles allaient bouleverser les fondations religieuses.

Ce fut l'honneur de l'administration de M. Lozé de faciliter ce progrès industriel en favorisant la création du chemin de fer d'intérêt local de Cambrai à Catillon, entreprise pour laquelle le Conseil vota un crédit de 23.333 francs. Plus tard, le Conseil s'engagea encore à payer, au chemin de fer du Cateau à Laon, un certain nombre d'annuités de 3.000 francs chacune. Enfin, le 25 septembre 1891, la ville obtenait une seconde gare qui, sous le nom du Cateau-Annexe, permettait d'éviter le long trajet qui sépare la gare principale du centre de la ville.

Ce ne fut pas le seul bienfait de l'administration de M. Lozé que celui de l'établissement d'un nouveau chemin de fer. En 1880, Mme Seydoux avait donné 200.000 francs à la commune pour obtenir la distribution de l'eau à domicile. La distribution des eaux fut en état de fonctionner en décembre 1880. L'exploitation en avait été confiée à M. Lambert, ingénieur. Le 25 septembre 1881, eut lieu l'inauguration et, au milieu d'une foule nombreuse, M. Lozé, maire, remercia Mme Auguste Seydoux de sa donation généreuse.

La ville s'embellissait. M. Constant Lozé, profitant de la liquidation de la manufacture du palais, achetait, le 25 mai 1882, la maison d'habitation et le jardin. On y construisit l'école des filles, le marché couvert, et le jardin, orné d'un buste de Fénelon, fut ouvert au public. Pour couvrir les frais de cet achat et de ces constructions, la ville fut autorisée à s'imposer, de 1883 à 1889, de six centimes et, de 1888 à 1912, de vingt centimes vingt-cinq centièmes.

La maison Seydoux prenait un développement considérable et occupait de 1000 à 1100 ouvriers pour le tissage, lavage, cardage, peignage et filature des laines nécessaires aux 1.200.000 kilogrammes de fils divers qu'il faut en moyenne pour alimenter les tissages du Cateau et de Bousies. La force motrice est fournie par cinq moteurs donnant un travail de 1800 chevaux et faisant tourner entre autres 65 cardes, 65 peigneuses, 50.000 broches de filature et 500 métiers à tisser.

Elle a créé pour ces ouvriers, une caisse de secours qui leur assure des ressources dans la maladie, ainsi que les soins du médecin et les médicaments gratuits; de plus, il y a une caisse de retraite pour les vieux employés et ouvriers qui ont servi la maison pendant quarante ans sans interruption [1].

Tandis que la fabrique Seydoux étendait chaque année son rayon d'affaires, d'autres industries venaient se greffer sur les premières.

En effet, le Cateau possède plusieurs autres tissages de laine : 1° Le tissage de MM. D'halluin frères, de Roubaix, fondé avec le concours de M. Henry, ancien directeur, qui se trouve sur le chemin de la gare ; 2° le tissage de M. Masurel, appelé tissage du Palais [2], parce qu'il est établi sur

[1] Notice de M. Charles Seydoux.
[2] Ce tissage a pour directeur M. Duquesne.

l'emplacement de l'ancien palais des Evêques ; 3° le tissage de M. Mogué, qui se trouve au faubourg de Cambrai. Ces trois tissages occupent plus de 600 ouvriers.

La maison Picard frères a été établie au Cateau en mai 1894. Elle fabrique la dentelle de Saxe, dont le monopole semblait, auparavant, assuré aux usines allemandes et suisses ; elle a ajouté à cette industrie, pour laquelle elle tient le premier rang en France, la fabrication des tulles fantaisie, genre Alençon, mousseux, grecs et armures. Elle possède actuellement vingt-et-une machines qui occupent 140 ouvriers.

La sucrerie de M. Hallette, construite en 1851, emploie 150 ouvriers pendant la fabrication ; elle produit en moyenne par an 20.000 sacs de sucre.

En 1869 a été créée une usine de céramique qui occupe plus de 300 ouvriers, c'est l'usine Simons.

Une maison, celle de M. Flaba, fabrique des instruments aratoires fort recherchés.

Un établissement très important est celui de MM. Dupont et Cie, pour la fabrication de baignoires en fonte émaillées.

Nous ne pouvons passer sous silence la maison Ponsin frères, fondée en 1822. Savonnerie et épuration d'huiles au Cateau (usine à vapeur), fabrique d'huiles à Montay (usine hydraulique et à vapeur). Une des maisons les plus importantes de la région du Nord pour ses spécialités.

Malgré ces avantages, l'industrie eut encore à

traverser des crises et les ouvriers souffrirent; le Conseil municipal tint à honneur de leur venir en aide, comme en 1888 et en 1889, où il vota 3.000 francs qui devaient servir pour l'empierrement des routes, afin de fournir de l'occupation aux ouvriers sans travail. En 1898, fut créée l'œuvre des jardins ouvriers qui comprend actuellement 81 Jardins, d'une contenance totale de 3 hectares 60 ares 28 centiares.

En même temps, on essayait de développer leurs aptitudes et de leur faciliter l'apprentissage d'un métier toujours long. Dès le 1er octobre 1873, les Frères créaient des cours d'adultes. Le 25 novembre 1891, sur la proposition de M. Seydoux, une Commission, composée de MM. Seydoux, Lebègue, Picard, était nommée pour étudier un projet d'école de tissage, projet repris en 1892 par M. Lebègue (1).

Pour venir en secours aux misères que ne pouvait secourir la charité officielle, la Société de Secours aux enfants pauvres se transforma, en 1881, en Société de Saint-Vincent de Paul, sous la direction de Mlle de Beaumont. En 1888, une conférence d'hommes fut formée dans le même but.

Des sommes considérables étaient dépensées aussi pour l'enseignement primaire. On voulut, tout d'abord, obtenir des Frères de la Doctrine chrétienne qui dirigeaient les écoles de la ville, un plus grand nombre de sujets possédant le brevet de capacité.

---

(1) Cette école de tissage n'a pu avoir lieu.

Le Supérieur général ne s'y refusa pas, et il promit de faire droit à ces exigences. On créa, en 1877, une école laïque de garçons qui, pendant longtemps, fut d'ailleurs loin d'obtenir la vogue de celle des Frères. Nous n'en voulons pour preuves que les différences de subsides alloués aux deux écoles ; mais en 1881, les difficultés recommençaient. Plusieurs membres de l'administration voulaient le départ des Frères. Les élèves de l'école laïque habitaient le même bâtiment que ceux de l'école des Frères, seule, la porte était différente ; de là des rencontres et des rixes regrettables. Pendant que les élèves des Frères disaient leurs prières du matin, les élèves de l'école laïque entonnaient la Marseillaise. Enfin, le Bureau de bienfaisance refusait aux élèves des Frères, dont l'école restait communale, des subsides qu'il accordait aux élèves de l'école laïque, etc., etc... A la suite de ces tracasseries, le Supérieur général rappela les professeurs. Ils ne revinrent, comme instituteurs libres, qu'en 1886, grâce aux démarches de M. le doyen Decorne. Ils ouvrirent deux classes rue Pasteur. Devant le succès croissant, ils en ouvrirent une troisième en 1888, une quatrième en 1889. En 1892 et 1894, deux classes payantes furent établies [1]. Ce fut dans leur local qu'en 1886 fut établi un patronage transféré en 1888 sur la route de Landrecies [2].

---

[1] Cette école, laïcisée en 1904, reste toujours école libre ; elle est dirigée par un maître laïc, aidé de trois instituteurs. Elle compte toujours quatre classes.

[2] Le patronage est dirigé par le clergé.

En 1875, sans plus de raison, on décida la création d'une école laïque de filles qui, en 1883, fut installée, comme nous l'avons vu, dans le palais Fénelon.

L'école laïque des filles comprend dix classes : sept au palais Fénelon, trois, rue du Bois-Monplaisir. Outre la directrice, on compte dix institutrices.

Pour les garçons, on compte onze classes, et de plus un cours de dessin et un cours professionnel (travail du fer et du bois). Les instituteurs sont au nombre de douze.

De son côté, la municipalité encourageait les Sociétés de tir, de gymnastique et la Musique municipale. Toutefois, elle ne crut pas, malgré de vives instances, devoir acheter le théâtre.

Munie de tous les organes qui lui permettent de vivre, le ville du Cateau a pris, grâce à l'énergie et à l'initiative de ses citoyens, une place honorable dans les cités industrielles de la région. Elle comprend actuellement 10.500 habitants. Le courage avec lequel sa population a subi les crises passées, nous est un garant de son avenir. Puisse son développement économique, industriel et commercial se continuer, sans négliger le développement moral qui a fait la force de nos aïeux.

CONCLUSION

Nous ne croyons pas devoir pousser plus loin l'histoire du Cateau. Certes, depuis l'époque où nous nous arrêtons, plus d'une expérience sociale intéressante a été tentée, mais ceci relève encore trop de l'actualité. Si nous résumons l'histoire de ces siècles que nous venons de vivre, nous voyons que depuis le XIVᵉ siècle, il ne s'est pas écoulé une seule période de cent ans, sans que notre ville soit occupée et rançonnée par l'ennemi ; le plus souvent saccagée et détruite. La cité a perdu depuis longtemps les trois tours qui, au dire des habitants de 1820, avaient primitivement constitué la ville ; ses portes ont disparu devant les agrandissements modernes [1], mais sa renommée industrielle et commerciale s'est développée aussi dans une plus large mesure. Au paisible travail des moines a succédé celui des machines. Si ses monuments rappellent les siècles de paisible administration et les élans de piété de ses enfants, les œuvres sociales créées au cours du dernier siècle montrent que la charité de son cœur n'a pas diminué,

---

[1] Les quatre portes : de France, de Landrecies, Saint-Martin et Eauresse furent démolies de 1835 à 1837.

que maintenant, comme au Moyen Age, il s'y trouve toujours des âmes généreuses pour secourir les infortunes (1).

⌇⌇⌇⌇⌇⌇⌇⌇⌇⌇

(1) Le Cateau compte actuellement plusieurs œuvres charitables et sociales : 1° Conférences de Saint-Vincent de Paul ;

2° Visites à domicile chez les pauvres et les malades avec distributions de secours par les sœurs Augustines ;

3° Un cours de couture, tous les jeudis, par des demoiselles de la ville, aux jeunes filles des ouvriers ;

4° Un commencement d'école ménagère : *hygiène, cuisine, linge, tenue de ménage,* etc..., pour celles qui en font la demande.

Toutes ces œuvres sont encouragées et entretenues par M. le Doyen.

PIÈCES JUSTIFICATIVES

I

FRAGMENTUM LITTERARUM PETRI EPISCOPI CAMERACENSIS DE
MONIALIBUS APUD MONTAY

... Quæ quidem Magistra in principio sui regiminis nobis et successoribus nostris obedientiam, reverentiam et honorificentiam promittere teneatur et quod in administratione et dispositione bonorum et negotionum dictæ domus spiritualiter et temporaliter secundum datam sibi a Deo prudentiam fideliter laborabit.

Quia vero quantum valitudo patitur necessarium est, quoscumque, potissime religiosas personas carnem domare jejuniis et abstinentiis macerare, ordinamus et statuimus quod vos et futuræ sorores vestræ tam novitiæ quam professæ teneamini perpetuo a Dominica in Quinquagesima usque ad pascha Domini, et a Dominica 1ᵃ adventus Domini usque ad natale ejusdem in cibis quadragesimalibus, exceptis diebus dominicis, jejunare, item omni feria sexta et in diebus quibus prœceptum est in nostra diœcesi jejunare. Poteritis tamen istis diebus et sexta feria, vesis ovis et lacticiniis secundum observantiam Diœcesis supradictæ. Prœmissa quidem jejunia per vos et sorores vestras tam novicias quam professas observari perpetuo prœcipimus nisi aliquas vestrum infirmitatis vel debilitatis necessitas bis aut pluries in die cibum capere deponeret : quod eorum conscientiæ relinquimus et judicio proprii confessoris.

Item ordinamus et statuimus quod nullo tempore sit licitus

vobis neque sororibus vestris tam noviciis quam professis usus carnium feria secunda, feria quarta, neque sabatto. Poterit tamen magistra in casu necessitatis cum sororibus et Provisor cum Magistra dispensare.

Ordinamus insuper et statuimus ut sorores omnes tam novitiæ quam professæ confiteantur frequenter peccata sua confessori seu confessoribus per nos et successores nostros ejusdem deputandis et at minus quater in anno, in festivitatibus natalis Domini, Pascæ, Pentecostes et Omnium Sanctorum recipiant reverenter Eucharistiæ Sacramentum.

Ordinamus etiam et statuimus quod vos omnes, omnesque sorores vestræ futuræ tam novitiæ quam professæ sub uno conclavi et uno dormitorio domiant et resquiescant de nocte pariter et de die nisi infirmitas cogeret aliquam esse in infirmitorio. Quod non sit alicui licitum nisi de dictæ Magistræ licentia speciali.

Ad hoc cum plantare religionem et plantatam fovere modis omnibus debeamus, nusquam hoc melius exequimur quam si nutrire ea quæ vestra sunt et corrigere ea quæ profectum virtutis impediunt commissa nobis auctoritate cavemus. Ea propter ordinamus et statuimus quod si, inimico humanæ naturæ diabolo instigante, aliqua de sororibus, aliquo tempore, suam castitatem et pudicitiam violando, in lapsum carnis manifeste ceciderit, si sit novitia, nullatenus admittatur sed de domo perpetuo expellatur. Si vero professa fuerit, in carcere infra septa domus per provisorem magistramque domus ponatur ad tempus pro nostro et successorum nostrorum arbitrio moderandum et velo nigro ipso facto perpetuo sit privata et ad tractatus dictæ domus nullatenus admittatur. Sit ultima in dormitorio, in mensa et in loco ut sit perpetuo rubore confusa, defleat quæ commisit.

Prœmissas ordinationes et constitutiones nostras præcipimus vobis et sororibus vestris in virtute obedientiæ inviolabiliter observari ut per hæc et alia bona quæ Domino inspirante feceritis, mereamini cum sanctis mulieribus in cœlesti beatitudine recipere portionem. Non est tamen intentionis nostræ quod propter præmissa vel aliqua eorumdem retrahitis vos a

caritativis obsequiis leprosorum virorum fere mulierum qui in
dicta domo sunt vel esse contigerit in futurum. Quinimo vos
hortamur et movemus per viscera misericordiæ Jesu-Christi et
obsequiosa vestræ caritatis viscera circa necessitates eorum
velitis misericordiam aperire ut utriusque vitæ contemplativæ
videlicet et activæ cum beatissimis Maria et Martha sororibus
beati Lazari accipiatis mercedem gloriosam a Dⁿᵒ Jesu-Christo
qui pro minimis grandia recompensat, et nos vestram devotio-
nem merito possimus in Dⁿᵒ commendare. — Datum in
Castello in Cameracensi IIIIᵒ Non. Octob. Anno Dⁿⁱ Mᵒ CCC
undecimo. In quorum testimonium et perpetui roboris firmi-
tatem sigillum nostrum præsentibus duximus apponendum (1).
(Notes de dom Potier).

---

(1) Pour ce qui concerne les pièces justificatives empruntées à dom
Potier, nous avons suivi strictement le texte, mais nous rappelons que
les documents en notre possession ne sont eux-mêmes que des copies
de la fin du XVIIIᵉ siècle.

II

Récit des épreuves de l'Abbaye au XVᵉ siècle

Pour Saint-André du Castel

> C'est le double de ce qui a été baillié
> à M. Raimbert (1), touchant l'analte de
> Saint-Andrieu.

Pour savoir les causes pourquoi l'Abbaye de Saint-Andrieu du Castel-en-Cambrésis est diminuée de la revenue et que plusieurs édifices en ycelle et de leurs censses sont mal refectionés, aussi pourquoi il est necessaire que la taxe de l'annatte qui est de XIIᵒ L. ducats, soit diminuée, faut notter et entendre les poins qui s'ensuivent.

Et premiers.

En l'an LXX (1470), Dom Jean Soris fut élu et commis abbé et encore est à présent. Et pour fournir la dite annatte et autres depens, avecque pacifier et apaiser Mgr de Tournay, lequel pretendait droit à la dite Abbaye, a convenu emprunter grans argens les cuidans (pensant) rendre par année selon leur intention, mais le temps est venu au contraire comme chi après sera déclaré pour quoi n'ont peult paier.

Tantost après les gherres s'ensuivirent entre le (Roy) Loys (2) et le Duc Charles (3) et pour tant que la dite ville du Castel est située entre les pais d'iceux, Mondit Sgr le Ducq Charles mist

---

(1) Nicolas Raimbert ou Rembert, Rambert, familier du Pape, chanoine de Notre-Dame, à Anvers, prévôt de Saint-Géry, à Cambrai. (Berlière. — *Inventaire analytique des diversa cameralia*. Nᵒ 794.801).

(2) Louis XI, roi de France.

(3) Duc de Bourgogne, Charles le Téméraire.

garnison de gens d'armes audit Castel pourquoi les gens d'armes de franche (France) prirent les biens des camps de la dite Abbaye et y eut plusieurs pilleries d'un costé et d'aultre, là où la dite Abbaye a eut grands dommages et interêts.

Item en l'an LXXIII (1473), que lors Mgr de Chimai et ses gens étaient en garnison audit lieu, la dite ville fut brullée et arsse par feu de meschief et les églises de la dite ville, et ni demeura que VII maisons. Même le clochier et les cloches avecques le chauchel de la dite Abbaye, ensemble les croisiés de l'église et plusieurs autres edifices d'icelle Abbaye furent aussi ars et brullés, pourquoi a convenu d'avoir grands deniers pour redifier le dit clocher et VIII clocques nouvelles, refaire le dit cauchel et croisiés de la dite Abbaye et avoir autres necessités, tellement qu'il a convenu vendre plusieurs joiaux et engagier les revenus de la die abbie en prenant nouvelles pensions annuelles qui encore ont cours pour le plus part pour fournir aux dites reparations pour ce que les guerres sont aussi toujours survenues.

Pendant ce temps, les gens d'armes qui lors etaient toujours en la dite ville logés par les celiers et masures delogèrent à l'abie en si grand nombre que ils étaient maîtres de Labye et mangeaient les biens. Donc pour mieux faire et craignant d'être emmené ou plus fort travillié, etc..., le dit abbé s'absenta et vint demeurer à Saint-Obert en Cambrai près de onze ans.

Depuis ce, environ l'an LXXIV et LXXV (1474 et 1475), les manans se commencèrent à rassembler et un peu redifier leurs places et aulcuns lieux, mais le Duc Charles termina vie par mort et furent les gherres plus griesves que paravant. Tant que en l'an LXXVII (1477), les gens d'armes de Maubeuge avecques petit Lalpart, leur cappitaine, vinrent à force et par nuit, derobèrent et entrèrent en la dite ville du Castel, laquelle fut par eux pillée et l'abye aussi et emmenèrent tous les manans prisonniers, lesquels furent mis à grande rançon, tant que plusieurs d'iceuls ne purent paier et y moururent. Et quant leurs rançons furent prêtes, on les envoya par un homme d'église, lequel eut la gorge coupée en chemin et convint trouver nouvelle pareille rançon en quoi la dite abbie fut grandement intéressée.

En ce temps ou environ, par extrême povreté la ville ne fut point gardée, pour quoi un capitaine de Franche nommé Fr. Meurisse prit la dite ville et la fit pillier et bruller derechier ce qui y etait redifié, avecques ce fit bruller la grange de la dite abbye qui était fort belle et pleine de gerbes avecques les marescauchies et le dit cloquier qui était de nouvel redifier et emportèrent tous les linceuls, habits, et tous meubles de ménages étant en icelle abbie : tellement que le dit abbé fut contraint de partir Labie et aller au Quesnoy comme un étranger povre homme, sans robbe, sans quelque abbit de religion, un blanc bonnet seulement sur sa tête, difforme entre toutes gens de bien, et fut longuement sans oser retourner à l'abye.

Un peu après le jour Saint Andrieu ensuivant revinrent les dits franchois, esquelles pour assaillir et prendre la dite ville de rechief et pour la défense des femmes et autres perirent nombre de gens, ne y profitèrent riens : mais les religieux qui lors étaient demeurés pour entretenir le service divin à leur pouvoir furent deconfis d'espoir : et s'absentèrent comme l'abbé était, et qu'ils ne savaient que manger, c'est à savoir ung (un) damp Simon le barbier fut mis à Saint-Ghislain, damp Andrieu et damp Gille à Saint-Denis en Brocquoie, damp Antoine et un autre à Lobbes ; et ne demeurèrent à Labie que ii religieux et i novisse ou ii qui faisaient du service le mieux qu'ils pouvaient, et eussent mieux fait si ils eussent pu avoir du pain et de l'iaue assez pour leur vivre, et des ornements servans, car les dits gens d'armes avaient emporté les ornements de l'église comme cappes et casures dont ils firent des pourpoints, même le *corpus Domini* fut emporté avec le vaissiau dicéluy.

Item environ l'an LXXIX (1479), comme en une ville abandonnée les franchois et bourguignons ensemble chacun de son cartier se tinrent en la dite ville, es tours et portes d'icelle et là firent plusieurs roberies, et dommages aux edifices de L'abye pour ce qu'elle etait à demi-inhabitée et se tenait pour lors le dit abbé à Valenciennes et ailleurs allant à pieds de ville en ville pourcachant la liberté de Labye.

Entour le dit temps vint Mgr Henri de Berghes d'être évêque de Cambrai, lequel pretendit de faire ardier (brûler) les dits gens d'armes pour avoir la ville en liberté, et fit une composition ordonnée dont le dit abbye fut taxée et leur convint paier nonobstant qu'ils eussent tout perdu plus cent écus.

Depuis le dit temps jusques à l'an IIII ˣˣ XI (1491), les manans se rassemblèrent ung petit et les aulcuns firent redifier et si le povreté ne eut été si grande l'on eut mieux fait, la gherre regnait et alefois trèves etaient, et les religieux revinrent à Labbye et parfois l'abbé.

En l'an IIII ˣˣ XI que chacun croyait être paisible en sa maison au dit Castel et en leurs masures, survient un capitaine d'Espagne nommé dom Jehan de Chevuillon avecques les gens d'armes français qui prit furtivement la dite ville et y logea grosses garnisons qui prirent et vendirent à leur pourfit tous les blés et avoines de la d: abbye qui estaient en grande quantité, lors les labeurs des camps cessèrent et fut le terroy en vies, et pour faire partir le dit dom Jehan et ses gens, Monsgr de Cambray convint à lui mais fit paier audit abbé de St-Andrieu (200) II ᶜ écus d'or de composition, et ce furent bien trois ans après sans rien recevoir ou peu, de leurs censses, rentes ou labeurs.

Par lesquelles gherres pertes et dommages et que le dit abbé et les religieux ont été dispersés et hors de leur monastère par diverses fois, leurs édifices de Labye et les caucheaus de leurs colations et autres retentions ont été mal retenues ou refectionées. Et n'est point de merveille car es ans IIII ˣˣ XIIII ou IIII ˣˣ XV (1494-1495) que chacun après la paix s'est retiré sur le sien, iceux de la d : abbye ont trouvé tant de refections à eux affaire que impossible leur a été et est encore, de tout bien faire et y fournir, attendu les dites pensions qui sont annuelles, avecques les pilleries et povreté d'icelle abbye.

Et pourtant que le dit abbé par le bon avis et conseil de plusieurs bons prelats et seigneurs évistère la destruction et annulation de son abbye s'il terminait vie par mort en telle povreté sans y avoir pourvu en homme propice et reséant pour remettre la dite abbye en bon etat, par succession de temps, aussi que par cours de nature il ne peut longuement vivre attendu sa vieillesse, il y pourverait bien volontiers : et combien qu'il ait élu homme de bien et bon religieux à son avis, propice pour l'aider comme coadjuteur sa vie durant, aux affaires de la dite abbye, et est de bon age, il craint que le dit religieux ne veuille point emprendre la dite coadjutrice s'il ne s'attendait d'etre abbé futur, dont pour ce faire, s'il plaisait à Notre Saint Père il convenait trouver et payer annatte, et la dite annate comme dit est XII ᶜ L. ducats d'or qui est somme excessive selon les revenus et povretés de la dite abye. Laquelle somme jamais ils ne sauraient trouver ni finir ce n'est qu'il plaise à la sainteté de Notre Saint Père de le reduire au plus haut a II ᶜ (200) ducats, car les revenus d'icelle ne montant point plus de XI ᶜ (1100) ducats ou environ, sur quoi faut gouverner les religieux, paier les penssions et faire les retentions dont le demorant est fort petit ou nul.

Et fait à considérer que monsgr de Cambray a fait instance d'avoir en commande et à son pourfit autres abbies en son diocèse, pour quoi le dit abbé criengt que il desirait plus cette présente abbye qui est en sa seigneurie temporelle que autres pour appliquer à ses plaisirs qui ferait destruction dicelle (1).

Faut aussi noter que combien que cette présente abbye ne soit point nommée avecques celles que on dit *in partibus reductis* (2), elle peut bien être de *destructis* et pour les causes dessus dittes, pouvait mieux être réduite que les autres qui sont situées en villes de seigneurs temporels qui les ont préservés à leur pouvoir de perte. Et cette présente est *in imperio* (3) sous l'Evêque

---

(1) Ce fut cependant ce qui arriva.

(2) C'est-à-dire dont l'annate a ete réduite de moitié, ce qui était le cas pour la plupart des bénéfices français.

(3) Elle est de domination impériale sous l'évêque de Cambrai.

de Cambray dont gens d'armes en gherre ne font guères ou peu d'estime comme il appert par les causses dessus touchées.

Et sy est ou droit dessoivre et en la limite des deux pais c'est assavoir de France et des pais de Monsgr l'Archiduc par quoi la dite povre abbye a souvent à souffrir.

> Copié d'après une copie ancienne et du temps qui est gardée aux archives de l'Abbaye de Saint-André au Cateau, au dos de laquelle copie est écrit d'une autre main anciennne :
> Damp Jan Soris fut fait abbé de Saint-André, en l'an mil IIII ᶜ LXX au mois de septembre, vixit XXXIII. Ant. abbé. (Notes de dom Potier).

III

An 1513, 2 aprilis, Jacobus de Croy dat privilegium Balistariis Castelli in hunc modum

Jacques de Croy, par la grâce de Dieu, évêque et duc de Cambrai, prince du Saint-Empire, comte du Cambrésis, etc.

A tous ceux qui ces présentes lettres verront ou oiront, salut.

Receupt avons l'humble supplication de nos chers et bien aimez nos louestables confrères et compagnons arbalétriers de la confrérie de Monseigneur Saint Georges en notre ville du Chastel en Cambrésis, contenant comment les dits confrères et compagnons se sont de nouvel et puis naghières de temps mis subt montrant par eux apréter le jeu de l'arbalètre, dont jusqu'à présent ne ont heu peu leur jardin francq, ne aussi ceux qui au dit lieu par meschief et cas de fortune érissent peu ou pouvaient en temps advenir en l'usage d'icelui jeu de l'arbalètre bleschier, navrer ou affrôler ou tirer quelque personne que ce fut, que Dieu ne veille, qui at esté à la grande immunition et a mendre estime de la dite compagnie, si comme ils disent.

Pourquoi nous ont humblement supplié que, sur ce, nous voulussions impartir notre grâce et affranchir leur dit jardin, ensemble celui ou ceux à qui ou auxquels par fortune mesirendrait en cas des susdits.

Savoir faisons etc.

Avons octroyé, consenti et accordé et par ces présentes consentons, etc., auxdits suppliants et leurs successeurs s'il advenait par cas d'aventure, royant en leur jardin et bersaultz tant seulement que aulcun ne bleschast, affalat et navrit quelques uns, même tellement que mort s'en ensuerest, et il apparait que ce fut ou ait été advenu par fortune et cas fortuit, que celui qui ledit cas aurait commis fut et fust déclaré quitte d'icelui et non coupable de quelque loi, punition ou amende envers tous nos officiers ou justiciers quelconque. Si donnons en mandement à tous nos officiers etc., que de notre présence grâce et octroy etc., ils lachent, sceuffrent et laissent les dits suppliants, etc.

Donné en notre ville de Chastel-en-Cambrésis, etc. (Notes de Dom Potier).

IV

L'entrée de monseigneur Maximilien de Berghes évêque
et duc de Cambrai en cette ville du Chastel en Cambrésis

Le dimanche 22ᵉ jour du mois d'octobre 1559, mgr Maximilien
de Bergues par la grâce de Dieu évêque et duc de Cambrai etc
fait son entrée d'évêque et en la ville de Cambrai....... Il fut
des habitants très honorablement reçu, lui faisant le plus grand
honneur qu'il leur fut possible. En laquelle ville de Cambrai
ledit sieur séjourna jusqu'au dimanche suivant qui fut le
29 dudit mois ; auquel jour, il partit de Cambrai pour venir
faire son entrée de comte de Cambrésis en cette sienne ville du
chastel et était accompagné d'un grand nombre de seigneurs et
gentilshommes avec trois compagnies de gens de chevaux,
bourgeois ducs de Cambray à savoir : les arbalestriers du grand
serment vêtus de sayons incarnat violet bordés de passements
d'or ; les canoniers vêtus de sayons de camelots sans onde
rouge bordés de mesme et des archers de Sᵗᵉ-Chrétienne vêtus
de sayons de frize bleu bordés de passements de soie rouge et
blanc, lesquelles trois compagnies avaient chacun chapeau et
plumes de leurs couleurs et parures.

Pour faire honneur, bien veigner et recevoir Noᵗʳᵉ Rᵐᵉ Seigneur, tout le clergé des paroisses de St-Martin et N.-Dame
revêtus de leurs plus beaux ornements avec croix et canfanons,
environ les neuf heures avant midi s'assemblèrent en l'abbaye
de St-André, comme aussi firent messieurs châtelain et échevins
à savoir noble homme Claude de la Hamaide Sʳ de Decthen
châtelain, et comme échevins Hubert Laurent, Jean Canonne,
Bernard Gislain, Jean Duquesnez, Adrien le Duc, David Plouchart, et Gilles de St Martin et leur greffier Jean Rogier, vêtus
chacun de robes longues d'une même couleur auxquels mondit

S^r avait donné le drap, mais la ville paya le velours de quoi elles étaient doublées devant par commandement de mondit sieur R^{me}. Devant mesdits sieurs châtelains et échevins marchait leur concierge avec la verge blanche vêtu aussi d'une robe de même couleur.

Delaquelle partirent cherchant droit à la porte l'évêque, tout le dit clergé avec Mons. Domp. Jean de le Pierre abbé élu de St-André et les religieux revêtus de chappes et tuniques et mesd ils seigneurs châtelains et échevins, et en leur meilleur ordre qu'il était possible marchaient devant ledit clergé douze bourgeois de la ville armés de pied en cap montés sur beaux chevaux représentant les douze pères de Cambrésis, tenant chacun en leur main dextre l'épée nue et en la senestre un écu armorié des armes de leurs pairies. Après eux marchaient environ cent compagnons à marier tous bien armés de cuirasses et morillons, garnis de piques et arquebuses et à enseigne déployée, après eux marchaient les arquebusiers de la ville en fort bon équipage garnis de leur arquebuse et étaient suivis des arbalétriers aussi bien équipés de leurs arbalêtres et virs.

Lesquels douze pères marchèrent environ une lieue hors la ville au devant dudit seigneur R^{me} où ils le saluèrent et lui firent révérence. Et les autres 3 compagnies ne marchèrent si avant. Et passant ledit seigneur parmi eux, le saluèrent de grands coups de arquebuses.

Le clergé et mesdits sieurs châtelain et échevins demeurèrent à la croix de la banlieue sur le chemin de Cambrai qui est aux vieux fossés, arrivant ledit sieur R^{me} lui fut faite la révérence comme appartenant à la seigneurie, et s'avança led : sieur de St-André et adjura icelui notre dit R^{me} seigneur de quelque serment pour le fait de son abbaye, et puis s'approchèrent mesd ils sieurs châtelain et échevins, voyant lesquels notre dit seigneur R^{me} mit pied à terre et descendit de cheval, ce qu'il n'avait fait pour ledit seigneur de St-André ; et après l'avoir salué et bien veigné, lui fut dit par la bouche dudit Hubert Laurent.

Très grand et très redouté seigneur et prince, de tout temps
messeigneurs vos prédécesseurs évêques de Cambrai et comte
du Cambrésis, ont coutume prêter serment à leurs humbles
sujet en ce lieu, plait-il à votre seigneurie faire le semblable ?
Répondit : Oui.

Derechef ledit Hubert Laurent lui dit : Monseigneur vous
jurez Dieu votre père créateur céleste et le nôtre et promettez
de bonne foi que bien et loyalement vous garderez et maintien-
drez vos sujets tant de cette votre ville de Chastel en Cambrésis,
que de la chatellenie en leurs franchises et privilèges et libertés
comme de tout temps ont fait vos prédécesseurs évêques et comte
du Cambrésis ? lequel répondit : Messieurs, je le promets ainsi.

Ce fait, retournèrent avec tout ledit clergé et en le meilleur
ordre qu'il fut possible rentrèrent en la ville conduire mondit
Seigneur en l'abbaye de St-André, et, en entrant en la ville, fut
jeté grand nombre d'artillerie, arquebuses a crocq et autres
bâtons à feu, si furent faits plusieurs exemples et esbattements à
l'honneur dudit S^r R^{me}.

Etant en icelle abbaye fut chanté le Te Deum etc., et si se mit
mondit seigneur à genoux devant le grand autel et après qu'il
eut fait sa dévotion, cesdits seigneurs châtelain et échevins
s'approchèrent derechef de lui et par la bouche dudit Hubert
Laurent lui fut dit :

Monseigneur, le serment que votre seigneurie a fait à vos
sujets, vous promettez derechef devant l'image de Dieu et sur
tous les saints évangiles à l'entretenir de bonne foi ? Répondit : Oui.

Ce fait, Mgr maître Hubert Dubois desclaré Secrétaire audit
sieur R^{me} adjura mesdits sieurs châtelain et échevins pour au
nom du corps et communauté de la ville, de lui être bons et
loyaux sujets et lui prêter honneur et obéissance, confort et aide
si besoin en avait et requis en sont etc : répondirent lesdits
sieurs : Oui.

Après ce fait, cesdits sieurs reconduisirent mondit sieur R^{me}
de ladite abbaye en son palais à la cour l'évêque mais le clergé
demeura en icelle abbaye.

Etant le dit sieur en son hôtel, fut par les hérauts jeter quelque argent monnayé jusqu'a quelque bonne somme.

Puis mesdits sieurs retournèrent en la maison et hôtel de la ville et après que ledit S^r R^{me} fut à table à son diner et qu'on lui eut servi le premier mets, mesdits sieurs châtelain et échevins furent lui présenter et donner au nom du corps et communauté de la ville une belle coupe dorée valant environ la somme de soixante écus marchands et dedans icelle coupe cent écus ; lequel présent ledit sieur R^{me} prit de bonne part et but en icelle à tous iceux et leur fit à tous boire dedans.

Et après, lesdits sieurs échevins allèrent diner en la maison de ville où ils évoquèrent plusieurs seigneurs et gentilshommes puis envoyèrent présenter les vins de la ville aux trois compagnies de la ville de Cambrai et après le diner furent joués devant la maison de ville plusieurs moralités et autres récréations auxquels comme à tous autres semblables furent donnés présents de la part de la ville. (Notes de dom Potier).

V

TRANSFERT EN VILLE DE LA MAISON SAINT-LAZARE

Loys de Berlaymont par la grâce de Dieu archevêque et duc
de Cambrai, prince du Saint Empire, comte du Cambrésis à
tous ceux que ces présentes lettres verront, salut. Comme de la
part de la maîtresse et religieuses de l'hôpital et maison de
Saint Ladre en notre terre, villaige et seigneurie de Montay
près de notre ville du Chastel en Cambrésis nous a été remontré
que leur maison pour être située aux champs et leurs personnes
illecq demeurantes sans aucune garde, sont exposées aux dangers
des volleurs et brigans, voire bien souvent de leurs vies measmement en ce temps tant dangereux, plein de troubles, séditions
et erreurs, et que pourtant elles désireraient se transporter et
demourer en nostre dite ville du Chastel, ayant à cette fin soubs
notre bon plaisir eu quelque traicté avec Jean Desquesnes
bourgeois de même dite ville du Chastel sur la vendition d'une
sienne maison avec ses appendances et appartenances située en
la rue de Saint-Martin vis-à-vis de l'hospital du Saint Esprit au
dit Chastel. Et ce pour le pris et somme de............ A condition néanmoins que le dit Jean seroit content de reprendre
d'icelle maîtresse et religieuses dudit Saint-Lazare une certaine
masure située au dit Chastel en la dite rue de Saint-Martin, un
peu plus que la susdite maison du dit Desquesnes pour pris et
somme de............ Mais ne vouldraient comme aussi elles ne
pourroient rien faire ni conclure sans préalablement sur ce
avoir obtenu notre congé, octroy et décret pour lesquels, elles
nous ont bien humblement supplié. Savoir faisons, que nous
voulant en ce dessus meurement procéder avons député com·
missaires affin de se informer sur la vérité de la dicte remon-
trance et circonstance d'icelle, sur le dict achapt de la susdite

maison du dit Desquesnes reviendroit et cèderoit en évidente utilité des dites suppliantes *(sic)*. Et pour ce que par la dite information et rapport de notre dit commissaire avons trouvé le narré susdit estre véritable et ce tourner à grand et évident prouffit dudit hospital et d'icelles religieuses. Nous après avoir eu sur tout ce que dessus meure délibération et advis et conseil de nos trés chiers et féaults vicaires généraulx et autres de notre conseil, avons permis, consenti et octroyé ; permettons, consentons et octroyons aux dictes suppliantes pour acheter la dicte maison et vendre leur dicte masure pour les pris susdits afin de s'en pouvoir retirer en temps de nécessité seulement, et de notre consentement et permission expresse en même dicte ville du Chastel avec leurs meubles, ustensiles et autres biens. Bien entendu toutefois après que les dictes maîtresse et religieuses de Saint-Ladre se seront retirées en nostre dicte ville du Chastel comme dessus est dit, que les ladres dudit Montay ne pourront demourer en nostre dite ville du Chastel mais au dit Montay et que iceulx seront servis par icelles religieuses selon leur règle. Interposant à ce que dessus même décret et autorisé *(sic)*. En témoin de ces choses susdites nous avons à ces présentes signées de notre main fait apposer notre scel.

Donné en nostre cité de Cambrai. (Notes de dom Potier).

VI

Testament de Pierre Simon

Item, du double de Saint Augustin à l'hôpital du Saint-Esprit............ fondées par Maître Pierre Simon, prêtre chanoine de l'église métropolitaine de Cambrai.

A tous ceux qui ces présentes lettres verront, salut.

Comme ainsi soit que entre tous les sacrements, il n'y en a pas un plus excellent que celui de l'Eucharistie, appelé de Saint Denis le sacrement des sacrements, l'hostie des hosties, à cause encore que l'esprit humain ne scait dire ne faire chose condigne au dit Saint Sacrement, sy est-ce pour inciter le peuple chrétien à fervente dévotion de soi adorer le corps et le sang de Jésus-Christ contenu au dit Saint Sacrement. Aussi désirant de faire aucunes fondations à la gloire de Dieu, de notre religion catholique, apostolique et romaine, au salut de mon âme et âme de mes parents et amis, tant vivants que trépassés.

Je, Pierre Simon, prêtre et chanoine de l'Eglise métropolitaine de Cambrai, donne présentement et à toujours me réservant néanmoins la faculté de le révoquer comme il sera dit par après à l'hôpital du Saint-Esprit situé au Cateau en Cambrésis lieu de ma naissance, les rentes acquises par moi.

Premièrement douze livres 10 sols en 2 parties que j'ai achetés de Andrieu Carlier, dont l'une de ces rentes est de neuf livres sept sols six deniers due le 28ᵉ de mai, et l'autre de soixante-deux sols six deniers due au jour de Saint-Jean-Baptiste, montant ensemble les susdites douze livres dix sols tournois, assises et dues sur un héritage, jardin et terres labourables où que ci-devant y a eu maison, présentement gist à Ohnain, appartenant à Séverin Crabe, tenant d'une part aux terres de la bonne maison de l'hôtellerie de Valenciennes, d'autre part à l'héritage de Jean Crestinier et par devant à la grand rue.

Item cinquante livres de rente par moi achepté de Jean Farceau, bourgeois de la ville de Valenciennes, au denier 16, à payer en trois termes de paiement si comme 23ᵉ jour du mois de juillet, novembre et mars, à chacun de ces termes la tierce partie et dont la première année comprenant iceulx trois termes ; en eschera à faire et payer au 23ᵉ jours de mars, an 1585, pour laquelle rente le dit Jean Farceau aurait transporté en mes mains certaines lettres touchant la maison et héritage qu'il a à lui appartenant séant et gisant en la dite ville de Valenciennes en la rue des Anges, que tient par louage Bauduin Lobry, merchier, rendant par an LX livres tournois. Comme aussi une autre rente écrite en papier, de 87 livres 10 sols tournois par an, au rachat du denier seize à lui due et obligé par Pierre Gambier son beau frère, marchant demeurant en la ville de Lille, comme plus amplement est déclaré es lettres de toutes les dites parties de rentes pour d'icelles ces rentes et revenus avoir le dit hôpital à perpétuité, l'entière jouissance annuelle à la charge néanmoins d'entretenir et payer les fondations et conditions ci-après déclarées :

Premier. — Outre les premières vêpres, complies, messes et secondes vêpres que le curé et clers de l'Eglise paroissiale de Saint-Martin du Cateau en Cambrésis sont tenus et obligés de chanter tant la veille du jour du Saint Sacrement que le dimanche suivant, j'ordonne à perpétuité que durant les premières vêpres que le serveur d'Eglise avec deux révérences chante devant le Saint Sacrement *O Salutaris Hostia* avec deux flambeaux ardents et enchensoirs, lesquels se livrent par la dite Eglise, le dit jour et toutes les octaves et obits suivants au dépens d'icelle en recevant les salaires annuels ci-après déclarés :

Item : J'ordonne que au dit jour et chaque jour de toutes les octaves, après le *Salve* qui doit se chanter immédiatement après complies, qu'on retourne au chœur pour chanter *Tantum ergo sacramentum* avec tel luminaire et donner la bénédiction au peuple auquel chaque jour de ces octaves, le curé donnera l'eau bénite après la reposition du Saint Sacrement.

Item : J'ordonne être chanté le dit jour du Saint Sacrement

les heures, matines, prime, tierce, messe solennelle, sexte,
nones, vêpres et complies après lesquelles le *Salve* dit, comme
dit est, retournant au chœur on chantera *O Salutaris Hostia* et
se fera la procession portant le Saint Sacrement hors ou dedans
l'église en chantant : *Homo quidam* et en rentrant au chœur :
O Sacrum convivium, avec le verset et collecte du jour, puis
après *Tantum ergo* avec tel luminaire et cérémonies que dessus.

Item : J'ordonne que les deux chapelains du dit curé chantent
non seulement l'épître et l'Evangile ; mais assistent en surplis
pour chanter aussi dûment à toutes les heures, salve et procession
avec le dit curé et son clerc depuis les premières vêpres de
la veille du Saint Sacrement jusqu'à la fin des dites octaves et
obits que se doit célébrer le lendemain des dites octaves.

Item : Je veux et ordonne que chacun du saint dimanche des
dites octaves soit faite devant la grand'messe, procession générale avec le Très Saint Sacrement qui se prendra en la dite
église aussi solennellement que le jour du Saint Sacrement ;
pour laquelle procession faite avec plus grande révérence et
dévotion, le dit curé de Saint-Martin fera convoquer et appeler
le curé de Notre-Dame de la ville et son clerc avec quatre hommes d'église vêtus de chapes ou autres ornements pour assister
et chanter à la dite procession et aux heures en suivant du dit
jour jusqu'à la reposition du Saint Sacrement qui se fera après
Salve, en chantant *Tantum ergo* avec flambeaux et cérémonies
susdites et sans faire procession, mais seulement espandre de
l'eau bénite à tout le peuple.

Item : Afin que plus commodément le peuple des deux
paroisses se trouve à la dite procession et heures subséquentes,
le dit curé de Notre Dame avancera son office pour avoir faict, à
savoir du matin devant 8 heures et après-dîner devant 3 heures.

Item : J'ordonne que les complies du dernier jour de l'octave
ne se chantent immédiatement après vêpres ains seulement le
Salve ; et après 5 heures et non devant qu'on chante les dits
complies, auxquels pareillement le curé de Saint-Martin fera
convoquer le dit curé de Notre Dame et son clerc pour assister
et chanter aux dits complies. Hors l'église avec les meilleurs

ornements et flambeaux en chantant : « *Homo quidam* » puis en rentrant en l'église on fera............ devant le crucifix en chantant *Alma, post partum, concede* et le ceux après, lequel rentrant au chœur on chante *O Sacrum, panem de cœlo, Deus qui nobis,* puis *Tantum ergo* et après la bénédiction faite on reportera le Saint Sacrement en la sacristie ou autre lieu accoutumé de la dite église.

Item : après la dite reposition du Saint Sacrement les dits deux curés, chapelains et clercs chanteront à haute voix en priant Dieu pour l'âme du fondateur, ses parents et amis trépassés le psaume de *Miserere* et de *De profundis, pater noster, oremus pro fidelibus defunctis, a porta inferi, Domine exaudi, Dominus vobiscum, Deus qui inter apostolicos, Deus veniæ largitor, fidelium et requiescant in pace,* puis le curé donnera l'eau bénite à tout le peuple.

Item : le lendemain des dites octaves j'ordonne un obit solennel avec vigiles à neuf leçons recommandées et messe à diacre et sous-diacre avec la prose *Dies illa,* puis après la dite messe, les dits curés, chapelains et clercs avec les enfants de surplis, portant la croix et deux chandeliers iront à la nef devant le crucifix où chanteront le psaume dit au jour précédent auxquels recommandés et messe du dit obit, le dit curé de Saint-Martin fera convoquer le curé de Notre Dame et son clerc pour chanter en surplis avec eux jusqu'à la fin.

Nota. Si le lendemain des dits octaves advenait la fête de St Jean ou de Saint Pierre et Paul le dit obit se transférera au premier jour férial, mais les vigiles se doivent dire après vêpres le jour précédent du dit obit. Pareillement si les dites solennités et faite dûment esdits octaves du Saint Sacrement se devra dire après prime et la messe paroissiale du saint se dira après tierce avec toutes les heures du saint.

Item : J'ordonne être célébré à perpétuité chaque an le double de Saint Augustin le 28 d'août en la chapelle du Saint-Esprit par le dit curé et deux chapelains et clerc à savoir : premières et secondes vêpres, complies, matines et messe solennel le diacre et sous-diacre, avec toutes les heures du jour, après les premières et secondes vêpres *Salve* et *De Profundis* pour les trépassés.

Item : le dit jour de Saint Augustin pour un obit annuel, j'ordonne que les religieuses du dit hôpital du Saint-Esprit lisent en la dite chapelle devant ou après vêpres, vigiles à neuf leçons et le lendemain recommandations après lesquels feront chanter une messe de *Requiem* à diacre et sous diacre et la prose *Dies illa,* et la messe dite les serveurs d'église chanteront le psaume de *Miserere* et de *De Profundis* comme à l'obit du lendemain des octaves du Saint Sacrement.

Item : Je veux et ordonne que le jour de Saint Augustin soit donné à souper récréation aux religieuses ; disent en leur chapelle les psaumes de *Miserere,* de *De Profundis, pater noster, a porta inferi, credo videre, Domine exaudi, Deus qui inter apostolicos, Deus veniæ largitor, fidelium, requiescant in pace,* aussi fassent dire à chaque pauvre après leur souper un *pater* et un *ave Maria* pour les trépassés.

Le donateur règle ensuite minutieusement ce qui concerne la sonnerie des cloches, puis le paiement à faire à chacun par les religieuses du Saint-Esprit ; nous ne prendrons dans toutes ces dispositions que celles qui concernent les sœurs.

S'ensuit le paiement que doivent faire les dites religieuses du Saint-Esprit pour la présente fondation.

Premier : pour la récréation prédite des religieuses et pauvres malades, outre leur portion ordinaire, j'ordonne ici VI livres.

Item : A la religieuse sacristaine du Saint-Esprit pour faire annoncer par le curé de Saint-Martin annuellement les dites solennités du Saint Sacrement et double de Saint Augustin avec les deux obits, spécialement la procession générale dimanche des dits octaves je lui ordonne chaque année VI sols.

Pareillement j'ordonne encore chaque an à la dite sacristaine pour pourvoir de l'ajoncque à la dite église Saint-Martin aux solennités du dernier jour des octaves du Saint Sacrement XX sols.

Item .... etc .... etc.

Item à 5 pauvres personnes qui se nommeront par les dites

religieuses qui se trouveront depuis le commencement des vigiles jusqu'à la fin je leur ordonne à chacune 3 sols portant à XV sols.

Item. Je veux et ordonne que deux religieuses du Saint-Esprit soient présentes à toutes les heures, tant aux premières vêpres et complies de la veille du Saint Sacrement qu'au jour et long des octaves assidûment jusqu'à la fin de l'obit priant Dieu pour leur fondateur et leurs bienfaiteurs, aussi pour noter ceux qui seront absents au service divin ou les fautes du dit clocmant (sonneur).

Déclarant et ordonnant que la part des dits absents et du dit clocmant soit appliquée ou demeurant au profit du dit hôpital du Saint Esprit et non à autres.

Item. Afin que au présent ordonnances et fondations s'observent en tout et partout à perpétuité et que rien ne soit omis par ignorance, j'ordonne être fait à mes dépens une lame de cuivre où seront gravés et écrits les rentes et biens acquis avec ma présente ordonnance de mot après autres sans rien omettre. Que la dite lamme de cuivre soit attachée dans le chœur de la dite église de Saint-Martin à telle charge néanmoins que les dites religieuses seront tenues et obligées en temps de guerre de faire transporter la dite lamme de bonne heure en lieu ou ville plus assurée.

Pareillement je veux et ordonne que soient écrits comme dessus en deux peaux de velin ou beau parchemin la dite fondation et mise en deux tableaux pour servir et mettre en temps de guerre à savoir : l'une au lieu de la lamme transportée en tel temps et l'autre pour mettre et attacher en la chapelle du Saint-Esprit à toujours afin que la sacristaine et autres religieuses sachent et aient connaissance de cela à quoi elles sont tenues et obligées.

Déclarant néanmoins que si la lame de cuivre et deux tableaux une fois payés à mes dépens soient perdus ou que par succession de temps soient enrouillés ou gâtés, que la mère et religieuses dudit hôpital du Saint-Esprit soient tenues pour l'ordonnance à en faire faire des autres à leurs propres dépens

et les faire mettre aux places des autres même lieu que il est
dit plus haut.

. . . .

Item. Je veux et ordonne que les mère et religieuses du dit
hôpital donnent lettre de reconnaissance d'avoir accepté ma
présente fondation avec les charges y contenues et ordonnant
qu'au remboursé que les dites mères et religieuses soient tenues
et obligées de remployer les deniers au plus tôt que faire se
pourra en héritage ou autres rentes au plus tôt que faire se
pourra au profit du dit hôpital et que les lettres ou biens des
nouvelles acquets et celle de la dite reconnaissance soient
écrites en la dite lamme ou tableaux, me réservant néanmoins
toute ma vie la jouissance entière....... etc.

Le 29 jour de juin an 1584.

Le lundi 5ᵉ jour du mois de juin 1587, la présente fondation
et ordonnance testamentaire a été .... par Jaspar Mairesse
neveu et exécuteur au testament et ordonnance du dit feu
Mʳ Simon et sœur Marie du Mets, mère et maîtresse du dit
hôpital du Saint-Esprit, Sœur Barbe Poulhain, Catherine
.... Jacqueline Maclos, Anne ...., Jeanne ....
Antoinette et Sœur C. Margerin tant pour elles comme pour
autres sœurs, consœurs à ce jour absentes ont reçu et accepté
cette présente fondation du Saint Sacrement en se soumettant
à fournir et faire leur devoir autant et aussi longtemps qu'elles
seront remerciées, bien et affectueusement le dit Sʳ fondateur et
elles se soumettent à prier Dieu pour lui en présence de
Mʳˢ Bernard Farbu, François Lemoine, Jean Le Clercq et
Martin Rinart, échevin de la dite ville du Cateau, lesquels
échevins tant pour eux que pour leurs confrères ont accepté la
seconde fondation (il s'agit ici de la fondation de trois bourses
pour faciliter les études de trois jeunes gens) et promis de
fournir selon l'intention du Sʳ Simon fondateur, ensemble tenir
la bonne main que la fondation du dit Saint Sacrement soit
célébrée annuellement selon l'intention du dit Sieur fondateur,
et pour approbation de vérité ont ordonné à Jean Roger leur

greffier juré sur la présente acceptation, au nom d'eux et des dites religieuses cis susnommées pour que les dites fondations aient lieu et aient effet à toujours, perpétuellement recevant ces présentes ordonnances en leur terme pour mémoire du dit fondateur des dites fondations.

Fait au dit Saint-Esprit le jour susdit signé au dessus par ordonnance de Messieurs susdits.

VII

SUPPLIQUE ADRESSÉE AUX PRÉSIDENT ET DÉPUTÉS DES ÉTATS
GÉNÉRAUX PAR SEPT CENTS FAMILLES DU CATEAU POUR
CONSERVER LES RELIGIEUX DE SAINT ANDRÉ, APPELÉS PÈRES
ET BIENFAITEURS DU CATEAU.

A Nos Seigneurs
Nos Seigneurs
Les Président et Députés
aux Etats Généraux

Nos Seigneurs,

Près de sept cents familles se jettent aux genoux de vos
Seigneuries, pour les supplier humblement comme pères
tendres et régénérateurs de la patrie, de consoler leur triste
existence en les rassurant sur la crainte de perdre les dignes
Abbé et Religieux de l'abbaye de Saint-André, leurs pères
communs et leurs bienfaiteurs.

Dans l'année passée, année de calamités, où la grêle avait
dégradé les maisons, détruit les fruits et les moissons de la
ville et des environs, nous, pauvres glaneurs, étions sans
ressource : nous en avons trouvé, comme toujours, dans tous
les cœurs de l'abbaye de Saint-André, quoiqu'ils aient essuyé
les mêmes malheurs, ils n'ont cessé de verser sur nous les
tendres soins de leurs sollicitudes paternelles et de leurs
secours bienfaisants. Nous serions, nos Seigneurs, indignes de
la bonté divine, de la vôtre, et les plus ingrats des mortels, si
nous ne réclamions pas toute la sensibilité de vos cœurs
généreux pour une maison à qui nous devons une seconde vie
et tout, après Dieu. Si nous sommes exaucés, nous verrons

luire les jours heureux que nous nous promettons de vos grands travaux, et ne cesserons d'adresser nos vœux à l'Etre suprême, pour qu'il les bénisse et qu'il rende vos Seigneuries aussi heureux que vous le méritez et que nous le désirons.

Implorants, les honnêtes gens pauvres du Cateau-Cambrésis.

† marque de Jan fran Lépine.	Antoine Canone.
† Antoine Joseph Dune.	Chearle délilé.
† braq.	Françoi Delilé.
† piere vanarque.	Joseph Savey.
† magrite Cape.	Pierre le cerf.
† piere de Hope.	La veuve braque.
† fraçois hurtebis.	Claude Bonnaire.
† André Carlier.	Pierre Lacomble.
† frencis done.	Jan batiste place.
† simon doré.	Sébastien Joseph Emé.
† gustin Joseph dorlo.	Jan baille.
† michele Gourdin.	fracois pintigny.
† fraçois Duboi.	Albert place.
† Louis Dubois.	L. Nicola Durus.
† Cousin Lefebvre.	Francois Bracque.
† François Falon.	Janbatisse boisvilin.
† Loüi Chicolier.	Louis basquin.
† Marie Toilier.	J : B : ronbé.
marte Joseph Senaux.	Francois joseph bricourt.
istase desfosé.	Pierre Joseph felon.
constance jerin.	Longustaine ouche.
philipe Soufflé.	Charle riche
philippe Nanin.	Antoine Soufflé.
rosalie françois veuve deigrai.	François bricourt.
Ettienne wanaupa.	Jean Baptiste rousseaux.
Joseph Lenne.	Nicolas Joseph Pasture.
rafaël Lenne.	Antoine timothée Bricourt.
Charle Lenne.	Nicolas robuche.
Dufay.	Fracois falon.
Jean Soufflet.	Jeromme jovene, fils.
Sabette pol.	Joseph Canonne.
téodor luqué.	francois ronby.
Francoi Conti.	Augustin Lecot.
Alexit balieux.	Simon De fossé.
François Soufflé.	Joseph Lejeune.
François Lefebure.	Francoi Canonne.
Antoine Nimal.	Bastis Nimal.

Matieux dest.
Josephe Levey.
Joseph Soupflet.
Nicola Ronbyr.
Nicola Gerin.
François Due.
batiste Colar.
Josseph de beuf.
François Gabe.
André Cordier.
la veuve fourline.
François Collet.
Nicolo Hublar.
Jaque Verpelier.
Fransois braque.
Jan Collet.
francois Jovenin.
Antoine Galias.
Jerome jovenin.
François Laruelle.
Jean Carme.
La veuve doré.
P. Senaux.
Jeanbaptiste Galant.
Martin Joph Breqy.
Robert Lefebure.
Joseph Fontaine.
Ambroise Goffar.
Nicola Lenne.
Fracois Cavail.
Fracois Pamot.
Constant bourgois.
Thomas Joseph Pierard.
Charles Brunois.
Jean Batis Carly.
Jan Batiste Lefebure.
Pierre joseph Dupuis.
Vitasse père.
M. Blot.
Jean baptiste Carville.
Anne mary enin.
Louis Joseph Gladieux.
Charle Morant.

Pierre fransois Joseph Cloete.
Francois Deudont.
Gislain Dupet.
Jans Gille.
philippe pintigny.
La veuve bare.
Antoine Stoumart.
nombapppounot.
fansois canonne.
Charle Blaisse.
Joseph Lequeus.
Pierre Lorgne.
Louis Lenne.
iean baptis serapt.
Louis Bartelemie Constantin.
Joseph Lefebure.
Pierre Antoine Droierre.
polle Devitte.
Alfonce Lefebure.
Louis Galland.
André Labouche.
remis pilart.
François Varin.
Gabrielle Jabiolle.
François joseph badichont.
Jacque dequan.
Nicola Lecot.
jan hutin.
benoit chrétien.
Jean Noel detrain.
Louis Bonnaire.
P. J. Dosy.
Joseph Saon.
Amand briate.
Jean Pierre Lortille père.
François Jovenin.
Martin Manaique.
Matieus bricout.
francois foy.
jean Charle Baille.
hessie facon.
Francois soufflé.
Francois Labouche.

Joseph Soufflet.
Pierre Leroux.
Carle Carlier.
Jean Baptiste Rosinot.
jeanbatise hazé.
Nicola Crinon.

Laurend deudon.
Laveuve doré.
Antoine Cerus.
Aimable Colard.
Louis Ernoul.

Echevins, magistrat, juges civils criminels et de la police de la ville du Cateau Cambrésis, certifions et attestons à ceux qu'il appartiendra que toutes les personnes qui ont signé la présente suplique sont habitans et bourgeois de la dite ville : en foi de quoi nous avons aux présentes signées du greffier de la dite ville, fait mettre et apposer le scel aux causes d'icelle ou le papier timbré et droit de contrôle ne sont point en usage.

Au Cateau, le vingt quatre août mil sept cent quatre vingt neuf.

Par ordonnance,
PIETTRE
Greffier.

Archives Nationales D XIX 204 — 215
Extrait 14 dans le cahier E XIX, no 206.

VIII

LETTRE DE L'ABBÉ DE SAINT-ANDRÉ DU CATEAU AU PRÉSIDENT
DES ETATS GÉNÉRAUX CONCERNANT LA CONFISCATION DES
BIENS DU CLERGÉ.

Monsieur,

Ce fut donc le clergé qu'on immola le jour *des morts* en
victime innocente de la dette de l'Etat, malgré la hauteur de ses
offres, les secours et les services qu'il n'a cessé de rendre au
public. Il semble au moins que l'on eût dû se conserver cette
ressource pour les besoins même de l'Etat. C'étoit à la vérité
le cas (tout le monde en convient) de retrancher les abûs où il
s'en trouvoit, mais nullement de détruire des monastères utiles
et où les religieux remplissent de leur mieux les promesses
qu'ils ont faites à Dieu, en se donnant à peine, pour le supérieur
et toute la communauté, le tiers du revenu que le Seigneur
leur a confié. Tout défavorable que nous soit le décret de
l'Asssemblée nationale, les parisiens néanmoins et les capitalistes
n'en sont pas encore satisfaits, parce qu'ils n'y entrevoient
point une vente assez prompte des biens ecclésiastiques à
laquelle il sera toujours du plus véritable intérêt des provinces
belgiques de s'opposer vigoureusement sous la protection de
nosseigneurs de la Cour, qui connaissent bien mieux que nous
la force des capitulations qui nous ont liés au Roy et à la
nation...

En adorant les décrets de la divine Providence et en baisant
la main qui me frappe, je ne puis vous dissimuler, Monsieur et
très Respectable Président, qu'il me seroit on ne peut plus
douloureux de me voir à mon âge, évincé d'un état dans
lequel je cours ma cinquante-quatrième année. Pourquoi donc

arrêter le zèle de mes braves religieux pour la prédication, les confessions et l'enseignement plus nécessaire que jamais à la jeunesse, et cela dans un collège qui ne peut, étant dénué de tout revenu, soutenir un seul régent.

J'y donnai depuis la dissolution des Jésuites qui recevaient 2.000 florins de la ville, cinq religieux de bonne volonté, en y ajoutant même un sixième pour la préfecture, le tout non seulement sans un denier de rétribution, mais la maison faisant même quelque gratification à ceux qui se trouvoient chargés de ce genre de travail.

Je plains les ouvriers, je plains les pauvres que je regardais comme mes frères, en plaignant aussi et plus particulièrement encore les braves fermiers, je plains toutes les classes des citoyens qui se verront privés des fruits de leur mère nourrissière par la perte de ses bons cultivateurs.

Vos bontés pour moi m'ont inspiré la confiance de vous déposer une légère partie de mes peines comme dans le sein du meilleur des pères.

Je suis avec le plus profond respect

Monsieur,

Votre très humble et très obéissant serviteur.

M. Abbé de Saint-André.

Casteau, 6 novembre 1789.

IX

RÈGLEMENT DU COUVENT DU SAINT-ESPRIT (1792)

L'an 1792 le 28 Avil, Nous supérieure, économe et cy-devant religieuses du Couvent du Saint-Esprit au Cateau vivant en commun, en conformité des décrets de l'assemblée nationale qui l'a ainsy permis et autorisé, avons délibéré entre nous sur les genres des offices auxquels nous étions cy devant assujeties et qui par les dits décrets y sommes assujeties

Scavoir :

Que depuis pacques chaque année, nous nous rendons en notre oratoire tous les jours à quatre heures et demie du matin pour y psalmodier matines, laudes et primes jusqu'au jour de tous les saints exclusivement. Et que depuis cette dernière époque jusqu'au pacques de chaque année nous nous rendons en temps d'hivers en notre dit oratoire pour y psalmodier les mêmes offices à cinq heures du matin.

Que notre messe en tous tems de l'année se célèbre à huit heures.

Que nous allons en notre dit oratoire en tout tems de chaque année psalmodier tierce et sexte à onze heures de la matinée.

Que l'heure de notre dîner tant en hiver qu'en été est fixé à onze heures et demie du matin.

Qu'immédiatement au sortir du dîner nous allons à l'oratoire, récitant les grâces et cette prierre finie nous psalmodions l'heure de nonne.

Qu'à trois heures de relevez, en tous tems de l'année, nous nous rendons en notre dit oratoire et y psalmodions les vespres.

Que l'heure de notre soupper aussi tant en été qu'en hiver est à six heures et demie du soir.

Que les jours des jeûnes notre collation se fait à la même heure.

Et qu'enfin en tout tems de l'année sitôt le souper ou collation finie, nous nous rendons en notre oratoire où étant nous y psalmodions les complies.

Que cet office fini, chacune de nous se retire en son quartier.

C'est ce que nous avons exécuté en tous tems et que nous exécutons depuis les décrets qui nous permettent la vie commune, ce que nous affirmons sincère et véritable audit Catteau les jours, mois et an susdit.

> Françoise Druesne, supérieure.
>
> Caroline Piettre, Constance Lamourest, Félicité Carion, Natalie Boursiez, Célestine Wibail, Mélanie Grozo, Emélie Laude, économe, Monique Hutin, Suzanne Caffeau, Romaine Patte, Bernardine Mortier, Catherine Largillière, Augustine Jacqz, Scholastique Bauchod, Henriette Camille, Eléonore Leduc.
>
> Reçu à la Municipalité ce jourd'hui.
> 30 Avril 1792.
> Lefebvre.

(Archives du Cateau).

INDEX

ERRATA

Page 7, note 3 : Gesta pontificum, *lire* Gesta.
Page 9, ligne 7 : Henri III, Henri IV, *lire* Henri IV, Henri V ;
        note 3 : XIX, *lire* XIV.
Page 17, ligne 10 : Jean Namur, *lire* de Namur.
Page 25, note 3 : romaine, *lire* romane.
Page 50, ligne 3 : Preumont, *lire* Premont.
Page 52, ligne 19 :   id.   id.
Page 66, ligne 13 : Monroy, *lire* Maurois.
Page 69, note 1 : auteurs, *lire* hauteurs.
Page 108, note 1 : Chevalier, *lire* chevalier.
Page 165, ligne 8 : l'archevêque, *lire* l'évêque.
Page 170, ligne 19 : Maroille, *lire* Maroilles.

TABLE DES MATIÈRES

CAMBRAI. — IMPRIMERIE F. DELIGNE ET Cie.

IMPRIMERIE F. DELIGNE & C
CAMBRAI